남몰래 흘리는 눈물

남몰래 흘리는 눈물

1쇄 찍음 / 2006년 3월 20일
1쇄 펴냄 / 2006년 3월 25일

지은이 / 김연혜
펴낸이 / 김태봉
편　집 / 황은진, 김주영, 정종해
마케팅 / 박상필, 김미란, 이준혁
등　록 / 제4-414호
펴낸곳 / 도서출판 띠앗
(143-200)주소 / 서울시 광진구 구의동 243-22
전화 / (02)454-0492, 팩시밀리 (02)454-0493
HomePage http://ddiat.co.kr
E-mail ddiat@ddiat.co.kr

값 8,000원

ISBN 89-5854-037-0 03810

남몰래 흘리는 눈물

김연혜 지음

도서출판 띠앗

✿ 시작하는 말

인생의 황금기라고 볼 수 있는 사십대에 나는 심각한 우울증을 겪었다. 그럴만한 이유가 있긴 했다. 그러나 의지가 강한 사람들이라면 넉넉히 이기고도 남았을 일을 나는 혹독하게 치러야 했다.

기쁨이라는 단어는 내게서 사라지고 소망도 없었다.

회색의 벽 속에 갇혀 홀로 괴로워했다.

'슬퍼하다가 죽을지도 모른다'라는 강박증까지 생겼다.

얼마나 황망히 살아왔는지 모른다.

죽음 같은 단절감이었다.

우울증이 심한 사람에게 '기도하라', '마음을 굳게 먹어라', '힘내라'라는 말을 하는 것은 「물에 빠진 사람에게 '네 머리카락을 네 손으로 잡고 끌고 나와라'라는 말과 같은 것이다」라는 글을 읽은 적이 있다.

약물에 대한 거부감에도 불구하고 주치의 황 박사님의 처방에 의해 꾸준히 약을 복용하고, 가장 쉬운・좋아하는 일을 해보고, 하루에 단 한 줄씩이라도 글로 써보라는 권고를 받아들였다. 쓰다보면 왜 이렇게 되었는가에 대한 답이 나올 것이라는 말씀이었다.

이 글을 쓰면서 헤드폰을 끼고 듣던 음악이 도니체티의 사랑의 묘약이다.

그 중 애절한 아리아 '남몰래 흘리는 눈물'은 소녀 시절부터 가슴을 아리게 하던 노래. 자연스럽게 책의 제목이 되고 말았다.

물론 사랑의 묘약이 아니라 우울증의 묘약이 필요하지만….

나에게 글 쓸 틈을 준 우리 방 식구들 금송화, 써니, 으니에게 감사한다.

좋은 사람들을 참 많이 만났다.

이 책이 나처럼 아픈 이들에게 조금이나마 도움이 되었으면 한다.

내가 불행할 때 아무리 행복한 글을 읽어도 좋아지지는 않았다. 오히려 같은 처지에 있는 사람, 동병상련의 것들이 나를 위로했었다.

그분들에게 이 책을 드리고 싶다.

중계동

나뭇잎 떨어지는 창문을 바라보며

✿ 목차

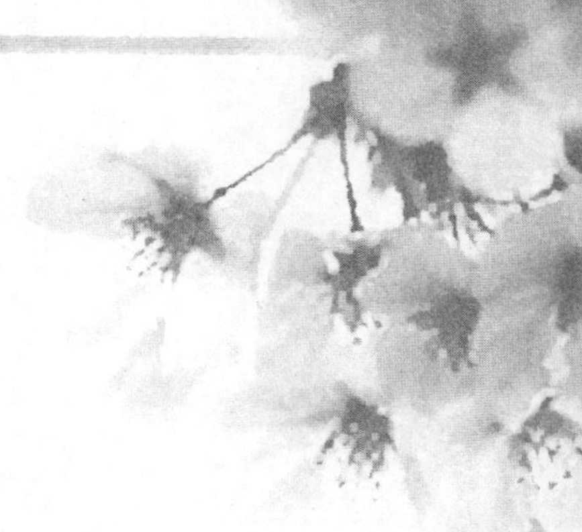

2장. 픽션 혹은 논픽션

1장.
일기

한 줄이라도 쓰고 있을 때 비로소 살아감을 느낀다

브리즈번에서 · 1

❦ The woman who is too much sad

모년 초여름.

이곳으로 떠나온 지 석 달이 흘렀다.

시간은 간다.

'함부로 쏘아 버린 화살'을 뒤늦게 찾으러 '풀섶 이슬을 헤매는' 기분이다.

화살촉이 부러진 채 늙은 떡갈나무 등에 서글피 꽂혀 있는지.

남아있는 나날은 얼마일지…. 허둥지둥이다.

극심한 비행공포심flight fear을 견디고 서울에서 멀리 떨어져 나와 심신을 좀 쉬어보려 한다. 주치의의 권유이기도 했다. 마침 남편은 안식년이어서 나는 휴직계를 내고 거침없이 떠나오긴 했다. 그러나 공간적으로 거리는 어떨지 몰라도 심약한 실금이 간 내 어린 영혼은 울음을 멈추지 않는다. 하루 종일 거실의 창 귀퉁이에 앉아 앞집을 내려다보는 일이 가장 중요한 일과처럼 되어버렸다.

나는 평생 일기를 썼다.

그래서 이 글도 새삼스러울 건 없지만 10여 년 알 수 없는 이유로 심신이 쇠약해지니 그 병약함이 왜인지, 어떻게 대처할 것인지, 그리고 어떻게 살아날 것인지를 주시하기 위해 참 악착같이 썼다. 내가 놓아버리면 나의 존재도 허물어질 것 같았다. 모든 면에서 살아가기에 부적격한 사람이 아닌가 하는 자기 비하도 한몫했다.

아마도 나는 태어날 때부터 Sinner형 인간인가 보다.

'부적격한 어머니, 부적격한 딸이었고, 부적격한 아내…'임을 지나치게 미안해하기도 한다.

그래서 항상 마음이 성가시다. 그리고 니힐리즘, 마이너스적 발상도 사실 스스로의 선택이 아니고 우울증 체질 때문이라 본다.

…….

우울증에 빠져 허우적거릴 바탕이 다 되어 있는 것이다.

나는 나처럼 하릴없이 고통스러운 이들에게 이 글을 읽어보길 권하고 싶다. 고통이 고통을 치유할 수 있다고 경험했기 때문이다.

즐겁고 낙천적인 성향을 지닌 이들은 나더러 '걱정도 팔자병'을 앓고 있다고 한다. 혹은 편해서 생긴 병이라고도 하고….

어쨌든anyway 본론으로…

❦ 체로키

앞집 뜰엔 위장그물로 덮여 있는 지프JEEP 체로키가 있다.

내가 좋아하는 차종이라 매일 커튼 사이로 내다본다. 체로키라는 이름은 원래 인디언의 한 부족 이름인데 지금은 거의 오클라호마에 살고 있지만 한때는 북아메리카 인디언 종족 중 애팔래치아산맥을 중심으로 가장 용맹한 지족枝族이었다라고 사전에 쓰여 있다.

나는 그들의 이름을 인디언 레져베이숀이라는 POP 가사에서 알았는데 참 비장한 가사였다.

shall keep people, shall keep die.

아마도 잠재적으로 그들의 용기, 그 비장함이 좋았기 때문이었는지, 그들의 강인함이 부러웠음인지…. 용기와 눈물…. 그것이 지프 체로키의 매력이다.

그들이 서부로 끌려가는 모습을 그린 존 비넷의 책 제목이 『Trail of Tear』이다.

어쨌든 나는 체로키를 타고 미친 듯 머리카락을 바람에 휘날리며 어디론지 마구 몰아 달리고 싶었다.

외롭고 괴로울 때 뜬금없이 체코슬로바키아에 가고 싶다고 말하는 것처럼 그야말로 뜬금없이 지프 체로키를 타고 호주의 오지를 미친 듯 달리고 싶은 욕망이 가슴을 지그시 누른다.

앞집 남자는 지프를 그물망으로 덮어 거의 방치해 두고 있다가 어느 날 저녁 무렵에 홀연히 긴 머리채를 휘날리며 지프를 타고 어디로 사라지곤 했다.

앞집 남자는 그걸 타고 어디로 갔을까? 그의 미지의 생生이 궁금하다. 얼굴이 거의 회색 수염으로 덮여 있고 얼룩무늬 군복바지 아래 군화 비슷한 목이 긴 부츠를 신어서 그런지 그는 마치 어느 나라 용병 같은 느낌을 주는 남자이다.

혹은 베트남 참전용사일지도 모른다. 고엽제에 몸이 굳어지고 있는지도 모른다. 전장에서 훌륭히 싸웠지만 사람들의 냉대로 혼자 숨어 사는 폐인인지도 모른다. 부인도 없고, 아이도 없다. 다른 것은 추론일지 몰라도 가족이 없이 혼자 산다는 것은 확실하다.

왜냐하면 아주 가끔 그가 커다란 빨래바구니에 빨래를 들고 나와 햇빛이 찬란한 뜰 위의 빨랫줄에다 익숙하게 빨래를 너는 것을 보았기 때문이다.

그 집에는 그 이외에 아무도 없다.

유리창 뒤에 숨어 앞집 남자가 살아가는 모습을 살펴보는 짓은 물론 옳지 않다. 그가 좀 가엾게 느껴지기도 한다. 이유? 모르지 뭐.

오갈 데 없이 집에 들어앉아 있는 날이면 남편은 건넛방에서 낚싯대를 손보거나 지도를 놓고 돋보기를 코에 걸고 열심히 어디로 여행을 갈 것인가를 궁리한다.

나는 약물을 끊어야 하고 남편은 나를 지지支持해 주어야 한다.

내 주치의 닥터 황의 조언은 쉬면서 가만히 있지 말고 쉼 없이 인생에 대해서 생각하고 기록하고 무엇이 문제인가를 짚어 보라고 했다.

> **닥터 황** : 김 선생은 이 우울증의 원인이 뭐라고 생각하세요? 스스로는?
>
> **나** : (망설이다) 글쎄요…. 특별한 원인요? 그걸 모르겠어요.
>
> 닥터 황 : 혹시 부군께서 바람을 피우세요?
>
> **나** : (기운 없이) 호호…. 차라리 원인이라도 분명히 그렇다면 좋겠어요. 확 잡아다 작살을 내버리면 되잖아요?
>
> **닥터 황** : 음…. 여행은 어떠세요? 잠시라도….
>
> **나** : 그것도 힘들어요…. 비행공포가 심해서… 너무나 무서워서 비행기를 못 타거든요. 꼭 타야 할 때는 반죽음이 되죠.

닥터 황은 그러면 안 된다고 김일성도 비행공포가 있었다고…. 그런 것은 비행기를 타고 멋있는 여행을 해보고 싶기 때문에 비행이 무서운 거지 그렇지 않다면 왜 비행기가 무섭겠냐고…. 그러므로 시뮬레이션으로 치료하는 일까지 있으니까…. 비행기를 자꾸 타고 다님으로써 극복할 수 있죠 라고 말했다.

그의 권유가 이곳에 오게 된 몇 가지 이유 중 하나다. 그의 말 중에서 가장 맞는 말 같다. 긴 시간 비행기를 타고 기내식을 먹고, 새빨간 하늘의 구름을 내려다보며 잠에 빠져들고, 그러고 나면 멋진 신세계에 발을 들여놓고, 집시처럼 이 거리 저 거리, 이 나라 저 나라를 돌아다니고 싶지 않다면 왜 비행기가 문제 되겠는가….

물포비아는 멋있게 헤엄치고 싶은 욕구가 있기 때문에 생긴다는 이치와 같다.

그래서 휴직계를 내고 남편 안식년에 맞춰 떠나왔는데….

그러나 애초의 기대만큼 모든 것이 좋아지지는 않았다. 오래 함께 산 부부가 달랑 둘만 이국땅에 여행을 왔으나 그다지 할 말이 서로 간에 없다. 일상의 대화가 없는 것이 오히려 자연스럽고 편하긴 하다. 의사는 대화를 자주 하라고 권했지만 30년을 같이 산 부부에게 노상 할 말이 있어야 한다는 건 좀 부담스럽다.

게다가 약물의존은 더 심해졌다. 밤에 잠을 도통 이룰 수가 없었기 때문이다. 가까이 위치한 해산물 하역센터에서 출발하고 도착하는 트럭들의 굉음이 얇은 얼개빛처럼 지어진 유닛의 벽을 뚫고 사정없이 귓가로 덤벼들었다.

하는 수 없이 낮에는 소음을 피해서 밖으로 나간다. 이 거리, 저 거리 하염없이 흘러가는 듯 걸었다.

선샤인 브리지 아래로 강물이 흘러간다. 이곳쯤에서 조금 쉰다.

사람들이 인공해변에서 놀기도 하고 강둑을 걸어 다니기도 한다. 조깅도 한다.

어떤 할아버지가 손녀딸의 손을 잡고 걸어가면서,

"와우! 와타보다. 와타보다" 한다.
"와! 물이다! 보트다!" 그런 말이라고 한다.

강물을 묵묵히 바라보다가 집으로 돌아오는 것도 나의 일이었다. 걷고 또 걸었다. 그것도 치유 프로그램의 일환으로 보면 된다.

내가 살고 있는 셋집, 그래함의 집에는 정말이지 장난감처럼 작게 네모진 칸칸으로 나눈 세 가구의 유닛이 있다.

그래함은 맨 앞쪽 유닛에서 자기 아내와 둘이 사는데 앤이라는 이름의 그녀는 젊었을 적에는 예뻤을 얼굴인데 늙어가면서 괴기한 화장으로 비틀어진 듯한 모습을 지니고 있다. 앤은 제 딴엔 거만했다. 디자이너라고 한다.

주불 190호주달러.

집세가 싼 이유가 다 있는 것이다. 그걸 몰랐다.

가까운 해산물 직송지에서 끊임없이 떠나고, 도착하고, 오고가는 화물트럭들이 굉음을 내면서 기어를 고속으로 바꾸는 바로 그 네거리.

공교롭게도 세 들 집을 얻던 날은 일요일이어서 아주 조용했었다. 앞·뒷집에 널린 빨래들이 햇빛에 기분 좋게 말라가고, 펄럭거리고, 커다란 보랏빛 꽃나무가 잎을 뚝뚝 떨구고…. 무엇보다 낡았으나 최소한의 가구가 딸린 셋집이어서 편리했다.

허나 지금은 그 어떤 편리도 소용없어진 지독한 소음 때문에 나는 밤에 전혀 잠을 이루지 못했다. 물론 새벽엔 말도 못한다. 굉음은 내 머리통을 세 개로 찢으려고 덤비는 것 같았다.

'좋아 끝까지 해보자고. 어디까지가 끝인가 보자고!'

참고 참았던 한 움큼의 알약을 들고 부엌으로 가 유리컵에 수돗

물을 주르륵 따라서 알약들을 목구멍으로 밀어 넣었다. 때론 두어 개의 안정제를 더 얹어 삼키기도 한다.

시도 때도 없이 알약을 삼키다보면 캡슐 하나쯤은 미리 터져서 식도 중간쯤에 잠깐 걸렸다가 겨우 위장으로 넘어간다. 식도가 가벼운 화상을 입은 듯 쓰리고 아파진다.

나는 약물에 의존되었고, 그렇게 되어버린 미숙한 삶이 한심해서 울었다. 무릎에 머리를 얹고 훌쩍거려도 뚜렷한 방도가 없다는 점이 눈물을 지겹게 한다. 그리고 얼마 후부턴 눈물도 말라버렸다. 가슴만 터질 것 같고….

❦ 자그마한 행복

그러나 분명히 위로가 될 만한 일도 있었다.

집에서 나와 이십 분쯤 걸으면 아담한 수도원이 보이는…, 저녁 여섯시가 되면 종소리가 울려 퍼지는 수녀원을 발견한 것이다.

'자그마한 행복'이라는 나무현판이 비스듬히 걸린 피정의 집도 한켠에 있다.

어느 날 종소리를 듣고 걸음을 옮겨 왔더니 거기에 수녀원이 있었다. 마음에 잠깐 설렘이 왔고, 적어도 이곳에 와서 해가 저물 때까지 앉아 있다 집으로 돌아갈 수 있겠구나 해서 마음 한켠에 자그만 위로가 되었다.

나는 "이제라도 늙은 수녀가 되어 침묵 수도원에 들어가든지 아니면 절에 들어가 머리를 박박 밀고 중이나 될까…" 그런 말을 입에 달고 살았다.

그렇지 않더라도 가톨릭 신자가 되어 아침에 일어나 무언의 기도를 마치고 묵주에 키스하고 나서 검소한 식사를 하고, 제가 먹은 그

릇을 깨끗이 씻어 햇빛 가득 찬 바구니에 넣고….

그러고 나서 더워지기 전에 콩밭에서 일을 한다. 김을 매고, 흙을 덮고, 웃자란 이파리를 거두어 덤불 위에 놓아 말린다. 그런 신성한 노동에의 갈구가 있었다.

축축하게 비 내린 흙 위에 저녁노을이 불그레 내려앉았다. 땅은 분홍빛으로 기름져서 걸으면 운동화 밑에 바알간 흙이 축축이 묻어났고, 걷기에 부드럽다. 져가는 햇살은 아직 나뭇잎에 내려앉아 조금씩 이파리를 반짝거리게 했다.

2킬로미터쯤 떨어져 있는 피정의 집 쪽으로 거의 매일 걸었다. 하릴없이 걸어서 언덕으로 가 울타리 사이를 오래 바라보았다. 견습수녀로 보이는 어린 수녀 한 사람이 저녁 이슬이 내린 풀로 모기향을 피운다. 보리수나무 아래에서 멍하니 앉아 그런저런 모습들을 바라다보며 한 시간쯤 앉아 있었다.

이럴 때면 살고 싶어 미치겠다. 정말이지….

이른 여름 향기 그윽하다.

때로 그녀는 목에 걸린 무거운 구리 십자가상을 들어 올려 가만히 입을 맞춘다. 가톨릭교도는 아니지만 나도 그런 동작을 반복하며 나 자신의 금간 영혼이 치유되기를 간절히 원했다.

엉덩이를 털고 나무 등걸에서 일어날 즈음이면 몸집이 큰 인디언 여자가 피정의 집으로 와서 식당을 깨끗이 치우고 마른 빨래거리들을 거두어 의복실로 가져간다.

키가 크고 건장한 체격이어서 처음엔 머리를 길게 늘인 남자인가 했다. 그녀가 지는 햇살을 등지고 빨래를 거둘 때에는 길고 흩어진 빨간 머리카락이 불타는 듯했다. 몸집이 큰 그 여자는 물론 과묵해 보였고 아무와도 말을 나누지 않았으며 햇빛에 그을린 피부는 붉고도 검었다.

석양에 비치는 큰나무의 그림자처럼 움직이고 있는 그녀가 부러웠다.

아! 아! 저 여자의 영혼은 듬직하게 잘 구워진 커다란 호밀빵 같은…. 아니, 쓰임새 있는 흙으로 구운 그릇, 토기시대에도 있었고, 지금에도 있을 것 같은 그런 것이겠지?

그녀의 이름쯤은 알 수 있었을까?

그러니까 '주먹 쥐고 일어나'라든지 '늑대와 춤을', '날아가는 화살' 같은 인디언 이름. 그녀가 호주인들에게 동화되어 지은 케시, 로절린, 에미, 마그렛 그런 이름 말고.

'저녁에 부는 바람…', '큰 두 손의 바위….'

그런 식의 이름.

나도 김○○이라는 어리석은 이름 말고 '우두커니 서 있는 공포…', '울먹거리는 영혼…', '걸어가는 지팡이', '흘러내리는 눈물', '넌 나를 위해 어찌해 울잖고' 그런 이름으로 불리우고 싶다. '밤비가 내리네…' 등으로.

음…. 이거 좋다.

'밤비가 네리네….'

❦ 편지 1(LA의 정희에게 답장)

어두워져.

저 바알간 꽃 이파리들이 나비처럼 날개를 접어…. 그리고 땅에다 몸을 던져.

아무 소리도 없는 투신이야. 꽃잎의 추락은 땅에다 아무런 충격도 줄 수 없다. 얼마쯤 견디다 저 혼자 피를 흘리며 죽어가지….

겨우 또 하루가 지나나 보다.

아침에 눈을 뜨면 입 안에서 화학약품 냄새가 난다. 밤새 알약들이 녹아가며 뭐라 형용하기 어려운 화학적 냄새를 입 안 가득히 남겨 둔거야. 풀 냄새 같기도 하고, 오래 씹은 슈거프리 껌을 물고 있는 것 같기도 하다. 그 냄새 때문에 매일 아침이 기분이 나쁘다. 나를 잠재운 약물들은 그렇게 매일 아침 괴로운 흔적을 남기는 것이다. 심지어는 새벽 세 시에 이를 닦기도 했지. 하루를 앞에 두면 막막했어….

나의 영혼은 금이 가서 서러움을 입에 물고 삐딱하게 울먹거리며 나를 들여다봐.

갈데없는 어린애야, 이렇게 시원찮을 바에야 밤에 자다가 죽어버리면 어떻겠나. 있지도 않는 배짱으로 이거 먹고 밤에 죽지 뭐…. 그러는 것이야.

약을 남용하는 자신에 대한 구구한 변명이다.

그리고 아침이면 늘 또 깨어나 쉰 풀 냄새에 시달리고 어제 과용한 약물이 머릿골 속에 고여 젤처럼 흔들리는 것 같은 대가를 치르는 것이다.

『신神의 독약』을 읽고 있어. 알렉산더 쿠퍼가 쓴 에덴동산 이후의 중독과 도취의 문화사야. 얼마나 많은 사람들이 각종 환각물질들에 중독 되어 어떻게 그것이 작품세계를 이루어 갔는지 재보는 것.

고트프리트 벤, 클라우스 만, 장 콕도, 앙리 미쇼, 올더스 헉슬리, 빈센트 반 고흐…, 아마데오 모딜리아니….

쿠퍼는 그들이 환각을 경험하려고 아편을 혹은 코카인을 복용했다고 쓰고 있지만, 어쩐지 그렇지만은 않은 것 같다. 그들은 선천적으로 무엇엔가 중독 되어야 할, 바꾸어 말하자면 그들의 예민한 뇌 어느 부분의 결손 혹은 과잉으로 이미 단순한 낙천주의자로서는 살아갈 수 없는 생물학적 이유가 있었을 것 같다. 심한 절망감이 이유없이 그들을 끊임없이 쓰러뜨리고 알 수 없는 불안과 공포가 그들의 가슴을 흉흉하게 했으리라.

그들은 환각을 위해서가 아니라 살아가기 위해서, 글과 그림과 음악을 하기 위해 그것들을 섭취했다고 본다. 그래서 그 음흉하고도 감사한 신의 독약들은 이윽고 그들을 독살시키는 것이다.

어쨌든 시편을 좀 읽어보라는 너의 조언에 동감하고 실천해 보려고 한다. 오렌지카운티에서 늦은 밤까지 100불을 넘지 않는 옷들을 팔고 있는 너를 존경한다.

그러면 안녕.

나는 이 세상에서 흔히 말하는 친구가 없다.

마음을 내어 놓을 사람이 없다.

30여 년을 변함없이 서로 안부들을 주고받는 LA의 정희도 친한 후배라고 봐야지?

나를 따르는 몇몇 젊은 동료들도 흉허물을 털어놓지는 않게 된다. 그들도 나의 상한 심령의 하소연에 지쳐 갈 것이고 저희들끼리 나를 근심하며 '저 이가 미치지 않았을까?'라고 속삭이게 될지도 모르지 않는가.

죽이 되든 밥이 되든 나는 혼자서 사막을 걸어가야 할 것이다.

우체국 자동차가 경적을 빵 울리고 지나간다.

눈부신 햇살….

이번엔 짧은 운동복을 입은 소녀 둘이 경쾌하게 걸어간다.

작은 소녀 둘.

하나는 금발이고, 하나는 빨간 머리다. 둘 다 긴 머리를 두 갈래로 묶고, 플라스틱 별들이 줄줄 달려있는 머리끈으로 양갈래로 묶었다.

소녀 A : 너 머리 이렇게 빗으니까 참 예쁘다(한 손으로 쓰다듬는다).

소녀 B : 당연하지, 얼마나 공들여 빗는데….

소녀 A : 맞아…. 나도 그래.

그들은 체육관 쪽으로 턴해서 보이지 않게 된다.

드럭인지 알코홀릭인지 나이를 알 수 없는 남루한 사나이가 '벅 더 선 벅 썬' 하면서 주먹으로 허공을 치며 지나간다. 나는 몸을 사린다. 회색빛 눈동자엔 초점이 없어 나를 보지 못하나 싶다.

어제 내린 비로 신선하다.

희랍여자들의 신발처럼 생긴 신발이 걷기에 편하다. 다운타운의 쇼핑몰에서 20불 주고 산 거다. 신발을 묶는 끈 사이로 맨 발이 보인다.

하염없이 무엇을 생각하기도 하고, 그렇지 않고 멍하니 걸음만 걷는 것도 같다.

길은 문득 끊겼다.

이곳 변두리는 정말 너무나 고요하다. 하나같이 창문에 커튼을 내려놓고 소리 없이 살아가나보다. 그래도 뜰에 강아지가 깡깡 짖어대긴 하는군. 길이 막힌 산등에 나무뿌리가 드러나 빨간 흙에 붉은 개미들이 열심히 일하고 있다.

"길 없어요…."

어느 집 여인이 문득 현관을 빼꼼 열고 고개를 저으며 그렇게 말해 주었다.

"길 없다고요?"

그녀가 고개를 흔든다. 반갑지 않은 표정. '웬 노라탱탱이야?' 그럴지도 모르지.

피차일반이다! 내가 속으로 '웬 하야뚱땡이야!' 그랬으니까.

5월의 겨울

5월이지만 이곳은 겨울이다.

그래도 한국의 늦가을보다 춥지 않다.

어깨를 덮을 마땅한 스웨터 하나를 사려고 시내로 들어가는 버스를 기다렸다. 반시간 이상 기다린다. 빈 의자 팔걸이에 온몸의 체중을 싣고 구겨진 종이처럼 처박혀버리지.

햇살은 따갑고 그늘은 춥다.

텅 빈 동네. 거리 이름이 해밀턴.

무엇을 번민하느냐고? 그것도 정말 몰라.

그걸 몰라서 치유가 안 되는 건지 모르겠다.

(쓰다가 그만두었다. 너무나 기운이 없기 때문이다).

다음날 오전.

메이 샤튼의 신간을 읽었다.

조금 지루하다. 하지만 그녀의 낡은 목조집엔 꽃들이 만발했다. 지고 핀다는 오래된 정원은 정말 부럽다. 혼자 살아갈 줄 아는 지혜로움도 간과할 수 없는 매력이다.

우리는 왜? 아니 나는 왜 그렇게 살 수 없는가.

돈이 우선 문제되는 것도 아니고 아이들은 다 자랐고(오히려 어머니의 존재가 부담이 될 만큼) 남편과의 부부애도 농익어서 어디에서 무엇을 하든지 서로 상관없을 정도로 되었다.

그럼에도 불구하고 생활방법, 환경변화, 인생을 가는 길의 방향 전환이 좀처럼 안 되는 이유가 무엇일까.

오늘은 조금만 걸었다.

해밀턴 집을 떠나 좀 가파르게 강을 끼고 걸어가면 나오는 중국인 거리. 그곳 오목조목한 미로의 틈새에 한국 사람들이 조그만 가게를 차리고 있다.

둥글고 제법 큰 유리병에 담긴 무김치를 한 통 사고, 구이 김, 고추장 작은 병을 산다. 이렇게 살아도 여러 번 배를 채워야 하는 사실. 김밥도 말아 먹는다.

살아있어 오월을 맞이하는 일이 얼마나 귀중한 것인지 사람들은 잘 모른다. 거실 소파에 코를 박고 누워있으니 무슨 꽃 이파리 하나가 마루로 살짝 내려앉는다. 열어놓은 창으로 꽃향기가 바람에 밀려든다.

아카시아가 지는가…?

한국에선 라일락이 지고 아카시아가 한창일 거다.

꽃 이름도 모르고 향기도 진하지 않지만 아, 꽃 이파리 하고 들여다볼 만큼 화려하고 커다란 아열대 꽃이 바람에 진다.

아무래도 뚜렷한 계획이 수월하게 세워지지 않는다. 과감한 방향 전환이 좋은 것인지, 다람쥐 쳇바퀴라도 평온한 일상을 놓치지 않는 것이 지혜로운 것인지.

손이 덜덜 떨린다. 남편과 둘이서 동네 어귀에 있는 사설 테니스 코트를 시간당 9불에 빌려 두 시간쯤 공을 쳤다. 그래서인가? 너무 오랜만에 공을 친 탓일 게다. 아니면 약물의존에 의한 모종의 증상이던가.

생각도 말아야 한다. 어차피 고치지도 못하잖은가! 아무래도 좋아야 한다. 힘이 모자라니 얼마간 깨끗이 포기하자.

편지 2(LA의 정희에게)

너희 아버지 부음을 들었어.

돌아가실 때는 되셨지만 본인이야 그렇게 편안하겠니.

치매로 오래 고생하셨다고.

너무나 오래 혼수상태로 계셨는데 네가 혼잣말로,

"아바지… 정신 있어? 없어?"

말만 던지고 뒤돌아 나오는 네 뒤통수에,

"있어!"라고 한마디 말을 툭 던지시더라고.

서울에서 만났던 네 동생은 부천 실내악단 주자를 그만두고 집에서 바이올린 레슨을 한다더라. 그런데 너희 동생 만희는 다리를 조금 절더라? 개인 레슨을 시작하고 작곡도 한다더라. 네가 더 잘 알겠지만….

그 애를 보니까 삶이 왜 그렇게 기울어져 보이는지. 그 애의 또릿또릿한 자그만 아내를 보니까 네 동생의 삶이 퍽 더 기울어져 보였어.

게리 올드만. 구스타프 말러. 베토벤에게 사정없이 무시당하고 살았던 슈베르트. 네 동생은 그런 사람들처럼 기다란 머리칼이 어깨 위까지 자라서 그런 실패감을 부추기더라.

내가 실패만 거듭하니까 만나는 사람들도 모조리 실패자처럼 보이는 걸까?

어쨌든 너희 친정 주소로 미화 100불을 보냈어. 부의금이라고 전화로 네 어머니께 말씀 드렸고.

“야, 너 어드레 이런 거까지 신경 쓰고 사네? 몸도 시언찮다글두만…. 거저 밥 잘 먹고 배짱 내밀고 살아가라우. 엉?”

너희 어머님 말씀이다.

우리 배짱 두둑이 살아가자구나… 난 잘 안 되고 넌 잘할 거야.

네 편지 보니까 함 선생이 장사구 뭐구 신경도 안 쓰고 가게에 앉아 성경만 디립다 본다고? 그거 우울증 증상 아닐까? 농담.

그러면 안녕.

해밀턴의 구석에 있는 커다란 창고 같은 건물에서 스포츠 댄스와 라켓볼 그리고 스파가 있어 일주일에 두세 번 간다.

춤을 가르쳐 주는 여인은 정말 춤을 잘 추게 생겼어.

오른쪽 다리를 뻗고 왼쪽 다리를 잠깐 구부리고 턱을 탁 치켜들고 흥! 하는 체 하는 거야.

재미있었다. 제법 땀도 나고. 혼자 러닝머신을 지겹게 타는 것보다 낫다.

고흐의 그림처럼 생긴 춤 선생이 맑고 드높은 목소리로,

“차, 차, 차차찻! 바 겐, 차차찻” 한다.

원래 춤은 좀 잘 추었지만 기분이 평온하지 않으니 좀 쑥스럽다. 그래도 땀이 났고 샤워하고 나니 기분이 훨씬 나아진다. 처음엔 진짜 죽기만큼 운동하기 싫어도 이렇게 하고 나면 분명 나아진다는 것을 어디에든 적어두어야 하겠다.

조기찌개를 먹으러 간 한국인 식당에서 H일보 구문을 읽다가 신문의 한구석에 무슨 일인가로 모녀가 기사화 되었는데 딸의 이름이

'란시'였다.

가슴에 오래된 조그만 그리움의 파동이 인다.

계속되는 지독한 불면을 인내하기 위해서 나는 추억에 잠겨 보기도 한다.

다행히도 일어나서 워드를 두드릴 힘이 주어진다는 것이 신통하다. 죽으라는 법은 없다지 않은가.

브리즈번에서 · 2

❦ 추억 1

그녀는 나를 '란시'라고 불렀고 나는 그녀를 '수나'라고 불렀다. 둘 다 가명인데 내 쪽은 본명과는 전혀 달랐지만, 그녀는 본명이 '순남'이랬으니까 받침만 빼면 '수나'가 되었다.

어쩐 일인가로 우리는 펜팔이 되어 열렬히 편지를 주고받았는데 수나의 편지글 솜씨가 만만찮았어. 그 정도였으면 지금쯤 여류 시인이거나 소설가, 혹은 수필가로서 한몫을 할 텐데….

퍽 아름다워서 가슴이 뛰었던 내 친구 수나…. 수학여행길에 잠깐 들린다기에 한 번 만났던 수나.

어쩐 일이지 우리는 그 만남 이후로 서서히 식어갔다. 지금도 그때 만나지 않았었더라면 하고 후회를 하곤 한다. 나의 집 형편이 좋지 않아 집으로 데리고 갈 수 없었던 일이 그때나 지금이나 가슴 아프고 무안하다.

수나는 전주 소녀고, 갸름한 눈과 청초한 미모의 소녀였다.

깜빡거리는 형광등 아래서 이불 속에 몸을 집어놓고 팝콘을 먹으며 손위 언니와 소곤소곤 끝없이 오색찬란한 꿈 이야기를 펼쳤다는 그녀. 지금은 돌아와 거울 앞에 선 내 누님 같아졌을 수나.

절대로 만날 수 없는 건가. 생사를 모르고도 내 가슴에 박혀있는 몇 안 되는 사람 중의 하나인 그녀.

나를 '란시'라고 부르던 그녀.

아릿아릿해서 지금도 슬픈 내 소녀기의 징표….

아, 아, 느닷없는 추억에 가슴이 아프다.

바랑을 메고, 회색 옷을 길게 입고, 부드러운 가죽 부츠를 신고 먼 길을 자꾸 걸어갈 거야아아—!

말이 잘 통하지 않는 곳, 체코슬로바키아…, 알제리… 그리고 눈이 많이 내려있는 삿포로….

어디가 되었든 어디로 가든지…. 아, 이 두꺼운 껍질로 육화되어져가는 우울과 불안을 던져버릴 곳으로…. 그것이 안 된다면 조용히 거느리고 살 수도 있는 곳으로…. 이곳보다 더욱 더 낯선, 아무 말도 통하지 않아도 먹고 살 수 있는 그런 곳.

아아! 정말로 체코슬로바키아에 가고 싶다.

비가 갑자기 휘몰아 쏟아지면 앞뜰에 커다란 보랏빛 꽃 이파리들이 후르르 땅으로 떨어져 내린다. 뜰은 삽시간에 젖어 사무친 보랏빛 늪이 된다.

저 비바람.

그 비바람 속에서 앞집 지프에 번득 헤드라이트가 켜지더니 '브르릉' 낡았으나 어쩐지 장엄한 엔진 소리를 내며 지프가 비 오는 거리로 몸을 틀었다.

'여태껏 묵혀두던 체로키를 이런 폭풍 속에 몰고 어디로 가는가? 부러워서 죽겠네. 이 긴 머리 백인아! ㅋㅋㅋ'

밖엔 비바람…. 어쩐지 썰렁하니 추워서 전기난로를 켜두고 영화 한 편을 보았다.

이 약의 장기적 부작용은 성욕감퇴이다.

그러한 현상은 여성으로서의 모든 감성, 멜랑코리, 엑스터시…, 로맨티시즘…. 더구나 휴머니즘까지 빼앗아 간다.

아니면 당연한 노화현상일지도 또 모른다. 까마귀 날자 배 떨어진다고.

❦ 추억 2

– 아름다운 꿈 깨어나서 –

브리즈번의 잠 못 이루는 밤에 나는 가버린 또 하나의 아름다운 추억을 생각한다.

C! 그대 지금 어디에(?).

나는 여고 1학년 시절에 그를 보았고, 그를 본 순간 그는 나의 마음을 여지없이 사로잡았다.

Y의 남녀학교가 모여 예술제를 열었을 때 나는 여고 합창단이 불렀던 '유랑의 무리'라는 합창곡의 중간 부분 메조소프라노 솔로를 맡았었다.

솔리스트들 셋이 앞으로 나와 노래했는데 나는 음악회장의 벽에 기댄 한 무리의 남학생 속에서 마치 푸른 물빛이 맴도는 듯 강렬한 눈빛을 지닌 남학생과 눈빛이 마주쳤다. 심장이 탕하고 멎는 듯했다. 참 아름답게 생긴 소년이었다.

적어도 우리가 꿈꾸는 장렬하고, 강렬하면서도 이루 말할 수 없이 부드러운, 숨겨진 연약함까지 지닌 정말 아름다운 소년이었다. 그의 눈은 푸른 물결이 소용돌이치는 듯 깊고 싱그러웠다. 젊은 날의 폴 뉴먼과 닮았다.

그의 패거리들은 주먹이 세고 키들이 훌쩍 큰 미소년 타입의 그런 그룹이었다. 그룹의 이름이 '카이자르'라 했고, 그의 별명이 '아도니스'라 한다고 도대체 어디서 날아온 소식통인지 모르는 게 없는 친구 순애가 이야기해 주었다.

그를 그리워하며 바닷가에 나가서 꽃잎을 하나 둘씩 파도에 띄워 보내기도 했다.

어느 날 형제간처럼 지내던 영태가 가져온 편지, 그건 기적 그 자체였다. 어찌하여 그가 나를 무엇 때문에 어째서 그다지도 사모한다고 말할 수 있었던지…. 내 마음 속은커녕 겉모습도 알지 말지 그렇게 생각하고 있었는데….

어찌 남학생의 글이 그렇게도 미려하고 다감한지….

바다를 떠도는 게 내 꿈이다. 이때까진 다른 아무 것에도 마음을 빼앗기지 않았는데….

나는 지난해 크리스마스 때 J교회 무슨 학생연합예배에서 피아노 반주를 하는 널 보았지. 나보다 하나 아래 학년이라고 그러더군.

무슨… 눈부신 햇살 같은, 천사의 후광 같은 그런 빛이 네게서 빛났다.

그리고 이듬해 문화예술제에서 또 다시 널 보았고.

감미로운 산들바람같이 선선하고 여린 네 눈길이 내게는 일별도 하지 않고 아니 나 이외의 그 어느 것에도 눈길을 주지 않고 너의 눈길은 저 먼 우리들의 눈에는 보이지도 않는 신비한 미래를 향해 빛을 뿜고 있었던 것 같았다.

시시한 무리들 같으니라고…, 뭐 그런 표정이었을까?

너로 인하여 나는 크리스트교도가 되기로 했다.

친구들이 모두 놀렸지만 부끄러움 따위에 지지 않기로 했다.

〈중략〉

좋아한다는 말, 사랑한다는 말 그런 것은 의미가 없다.

아마도 나는 평생 너의 빛 아래에서 너의 그림자처럼 살게 될 것 같다.

너를 좋아한다.

– C –

어찌해서 그가 그처럼 나를 사랑하게 되었을까?

어쨌든 우리는 풋사랑에 빠졌다.

그가 나에게 책을 빌려주었는데 그 책의 뒷장에는 몽상가 C라고 멜랑코리한 사인이 되어 있었다. 나는 그에게 앙드레 지드의 『좁은 문』을 선물했고, 그는 나에게 『데미안』을 선물했다.

정말로 아름다운 풋사랑이 익어갔다.

갑자기 비가 내리는 밤에 예배 반주를 마치고 나오면 그는 우산을 펴들고 빙그레 웃으며 나타나곤 했다. 이건 풋사랑 따위가 아니고, 첫사랑 같은 그런 거로구나 하고 가슴이 아리고, 아파질 무렵 3학년이 된 그가 실습선을 타고 오랫동안 바다로 나가게 되었다. 그가 없는 사이 어쩔 수 없는 가정사의 이유로 나는 Y를 떠나야 했다.

오랜 후 우리가 자라던 항구도시의 찻집에서 돌연히 그를 만났다. 차창 밖을 바라보고 있는 나에게 그가 다가왔다.

그에게서는 소년 시절에 느끼지 못했던 강렬하고 난폭한 우수가 이마 위에 깃들어 있었다. 하지만 여전히 푸른 물빛으로 맴도는 아름다운 눈빛으로 나를 쏘아보며 싱긋 웃었다.

"연이…, 맞지…? 흠, 맞구나…?"

여전히… 아름다운 그가 환영처럼 내 앞에 우뚝 서 있었다.

사랑이라는 돌연한 화살은 우리들의 눈을 잠시 헨커치프로 가리고 더듬거리는 놀이 같은 것이리라. 그를 다시 만나 급격한 열정에 사로 잡혀서 그와 나는 단번에(사실 오랫동안) 사랑이라는 깊고 허무한 나락으로 빠져 들어갔다. 심장이 아프도록 사랑했다.

그는 아직도 소년 같았다. 얼굴 위에 항상 강인한 어른다움을 아무리 지니고 있다 해도 그는 여전히 소년 같았다. 잘생긴 얼굴에 비스듬 미소 지을 때는 영락없이 예전의 그였다.

그는 라스팔마스로, 요코하마로 고기를 잡으러 나갔다가 한 달, 혹은 반달쯤 후에 폭풍우를 헤치고 나타나듯 성큼 내 앞에 나타나곤 했다.

나는 기억한다.

그의 배가 부두에 돌아와 정박하고 있는가…. 그의 배는 돌아와 파도에 출렁거리며 거기 있는가…. 비바람이 치는 어두운 밤바다에 떠 있는 그의 배를 향하여 그를 부르면 그는 나의 부름을 듣고, 등불을 치켜들고 어두운 선창가에서 나를 찾아 미소를 짓던 일….

C는 이 세상에서 가장 순수하게 나를 사랑한 사람이다.

내가 다른 사람과 결혼하기 위해 그를 버린 뒤에도 그는 그 사랑을 버리지 않았다. 나는 믿는다.

그는 평생 나를 사랑하다가 늙어 죽으리라. 왜냐하면…, 왜냐하면 그는 원래… 내가 알 수 없는 신비한 반인반수半人半獸 신화 속에서나 존재하는 그런 사람이니까.

오늘 밤 문득 침대에 누워 청년 C를 생각하니 가슴이 아프다.

메말라버린 눈물이 눈에 고인다. 그를 한 번 보고 싶다.

단언하건데 그는 나를 잊지 못할 사람이다.

그에 의하여 나는 추억 속에서 왕녀가 되고, 그의 아름다운 눈빛을 기억함으로 인해 참으로 오랜만에 눈물이 난다.

그가 그의 예쁜 아내와 장성한 자식과 더불어 행복한 인생을 살아가기를 바란다 하더라도 그의 마음이 영원히 몽상가로 남아있는 한 그는 나를 잊지 않을 것이다.

내가 하루도 빠지지 않고 눈물을 말리는 프로작으로 버티고 살아간다는 사실을 알면 몹시 슬퍼할 사람이 그다.

❦ 추억 3

경오(경서…, 경식?).

아쉽게도 그의 이름을 기억하지 못한다.

첫 번 앞 이름자가 '경'이었음은 분명하다. 나는 항구 Y에서 근방의 교육도시라는 S로 유학을 하고 있었는데 중3 졸업을 앞두고 나는 남은 한 달 정도를 기숙사에서 나와 기차통학을 했다.

말이 그렇지…. 열다섯 살의 소녀에게 그것은 상당히 무리한 일이었지만, 그 시절의 우리들은 때론 말도 안 되는 고생도 기어이 해내어 저절로 단련이 되었다.

서정西停구에서 살던 나는 새벽 다섯 시에 일어나 혼자 집을 나선다. 기차역은 6km 이상 떨어진 동정東停구에 있다. 항구의 서쪽 끝에서 동쪽 끝까지 나는 새벽길을 숨차게 걸어갔다.

나는 무서움이 많다. 지금도 그렇고 앞으로도 그럴지도 모른다. 가로등이 어쩌다 한 번씩 희미한 빛을 비추는 텅 빈 거리를 있는 힘을 다해 용기를 내어 숨이 턱에 차게 뛰었다.

역사에 도착하면 너무 이르다. 역사는 고요히 아직 깨어나지도 않는다. 혹시나 기차를 놓쳐버리지 않나 하는 기우로 어머니는 그렇게 나를 지나치게 일찍 깨워 보내곤 했으니까.

추위에 떨기도 하고, 때론 혼자 손등으로 눈물을 닦았다. 그런 모양을 지켜보던 마음 약한 역무원 한 사람이 추우니까 기차 안에서 기다려도 좋다고 말했다.

"어린 것이 어찌 그렇게 멀리서 통학을 하느냐?"

어쨌든 나는 희미한 전구가 두어 개 켜져 있는 기차 안에 들어가 의자에 몸을 파묻듯 하고, 캄캄한 어둠의 공포감에서 잠시 벗어날 수 있었다.

어느 날, 문득 내 시야에 그가 들어왔다.

그는 언제부터인지 나보다 먼저 열차 안에 앉아 있든지 아니면 나와 거의 동시에 열차 안으로 들어왔다. 내가 앉아 있는 두어 칸 뒤에 자리 잡고 앉아서 흐린 불에 책을 읽거나 영어사전을 뒤적이며 단어들을 찾는 것 같았다.

그는 키가 크고, 단아한 얼굴이었는데 때로는 흰 마스크를 껴서 잔잔한 눈만 보이는 얼굴로 나를 잠시 쳐다보고 스쳐 가곤 했다.

그가 나만큼 일찍 역사로 나왔기 때문에 확실히 나는 덜 무서웠다.

그는 한마디도 걸지 않고 조용히 뒷자리에 앉아 자기 일을 한 눈 팔지 않고 열심히 했다.

나는 그가 나를 위해 그렇게 하고 있다는 사실을 까맣게 몰랐다. 그의 누이인 나의 선배에게 나중에 들은 바로는 우연히 텅 빈 열차 안에 혼자 조그맣게 앉아 있는 나를 본 그가 일테면 보호본능이 발동되어 일부러 그렇게 일찍이 나와 나를 보호하려 하다가 풋사랑에 빠졌다는 것을….

졸업식이 끝나고 기차를 타고 역사에 내려 즐겁게 걸어 집으로 돌아오는데 그가 몇 걸음 뒤에서 천천히 나를 따라왔다.

졸업을 한 기쁨에 나는 그에게 전혀 관심을 갖지 않고 즐거이 노래하는 새처럼 포르르 집으로 날아 돌아왔다.

눈부신 봄이 이미 항구에 주저앉아버린 것 같은 따뜻한 늦겨울이었다. 정오 조금 지난 햇살 어디선가 바다 냄새가 훠 불어 오고, 새로운 날들에 가슴이 설레어 나는 춤추듯 기쁨에 겨워 볼이 달아오르도록 부풀어 걸어갔다.

"얘야! 너 뒤에서 따라오는 남학생 아는 사이니? 계속 따라온다. 얘."

동행했던 언니가 먼저 눈치를 챘다.

"아니, 난 몰라…. 모르는 애라고."

내가 어찌 그토록 휘황한 꿈을 지녔든고. 따라오든 말든 그는 나의 꿈과 상관없다고 나는 포르르 날아갔다.

아아! 진실로 허무맹랑하지만 나를 살아남게 만들어 주었던 그 산란한 꿈들. 지금은 아니나 내 훗날은 황금빛 과실처럼 찬란하리라 믿었던 어처구니없는 아름다운 과오. 그것이 구체적 계획도 없고, 기틀이 없는 한 어린 소녀의 근거 없는 당돌한 야망이었는가. 시시한 모든 것은 나에게 필요 없다.

이 환한 대낮에 그의 보호가 왜 필요한가? 그리고 나는 그와 한마디 말도 나누지 않았지 않은가.

발에 날개를 달고 포르르 날아가느라 뒤따르는 착한 소년 경오에겐 아무런 관심도 주지 못했다.

1년 후, 여고 2학년 진급을 앞두고 있던 겨울 방학.

경오가 찾아왔다.

그와 마주 서 있던 초등학교 운동장가의 소나무가 겨울바람에 소스라치며 몸을 흔드는 그 격렬했던 바람소리…. 사향나무가 겨울임에도 가엾이 향기를 품고 있던 곳.

그때 비로소 자세히 본 경오는 부드러운 눈빛을 지닌 키가 훠하니 큰 일찍 철이 든…, 거의 다 큰 소년의 모습이었다.

"편지도 보냈었는데…. 작년엔 우리 서로가 너무 어리다고 생각해서 일 년을 기다렸는데….

그가 비스듬히 서서 그렇게 말했다.

경오는 나에게 너무 생소해서 딱지를 줬다. 낯선 것이 두려웠기 때문이다.

평생 그의 기억이 지워지지 않을 줄을 몰랐다. 한 번쯤 그를 보고 싶어 애달파지리라고는 예상도 못했다. 누추한 이생의 갓길에서 멍하니 서 있을 때, 눈물이 쏘옥 나게 그리울 줄은 절대로 알지 못했다.

좋아하는 소녀의 곤경을 금방 알아차리고, 말없이 등 뒤를 지켜주던 그.

소년답지 않게 신중하고 조용한 눈길을 지니고 있었는데 가끔 온갖 인생의 너덜너덜함이 가슴을 헤집을 때 나는 가만히 누워서 가슴에 손을 모으고 그를 기억해낸다.

손상되지 않은 추억은 오로지 그것뿐이었으므로 아름다워라, 그 시절.

— 그의 이름이 경오인지는 확실치 않다.
다만 그가 순천중학교 출신이라는 것만 정확하다.
그가 내 책을 읽게 되기를 소망한다.

브리즈번에서 · 3

❦ Flight fear

멀지 않은 프리웨이로 가보려고 김밥을 쌌다. 강을 끼고 30분쯤 걸으면 중국인 거리가 나타난다. 고 틈 사이사이에 한국인 가게도 있다. 거기서 김치도 사고 김밥거리도 산다. 대충 넣어 만들긴 하지만 한국에서 정식으로 만들어먹던 것보다도 열 배 맛이 있다.

창밖 저 멀리로 낯설게 흘러가는 프리웨이 위의 자동차들이 오히려 한가롭게 보이는 것을 저들이 결코 속도에 목숨을 걸지 않는다는 뜻일 거라고 생각한다. 때로 자동차를 몰고 가장 가까운 휴게소에서 열대과일 주스 한 병을 사서 달콤하고 텁텁한 액체를 목 안으로 넘기면 쓰라리던 위가 좀 나아지는 것 같다. 그 정도의 외출도 나에겐 아주 대견한 거다.

지금까진 여기까지 시도해 보았으니까 내일은 조금 더 멀리 가볼 수 있으리라 생각해본다. 닥터 황의 처방에 따르고 있는 거다. 그는 우선 이것저것 시도해 보라고 했다. 약물을 무서워하지 말고 꾸준히 복용하면서 말이다. 지금 일단 나의 할 일은 어디로 어디로 한없이 가는 것이다.

(오늘은 더 이상 한 마디도 하고 싶지가 않다.
두통 때문에 정말이지 인생이 이가 갈린다.)

강물이 그득히 밀려 들어와 강둑에 제 몸을 세차게 부딪친다. 덩어리진 진흙 성분의 강둑은 그럴 때마다 한 조각 혹은 한 덩어리씩 무너져 내렸다. 이 강의 이름은 nudge다. 그런데 우린 누더기강이라 부른다.

밀물 때다.

썰물 때면 온 강이 거의 다 드러나 반짝거리는 갯벌 위로 개를 데리고 산책을 나와 운동도 시키고, 똥도 누이는 사람들을 볼 수 있다.

사실 사람들이 오랜만에 나를 만나면 정말 한 사람도 빼지 않고,

"오마나! 웬일이야! 무슨 살이 그렇게 졌어!…"라고 말한다.

좀 웃기는 말이지만 여기가 편한 이유 중 하나가 아무도 나보고 왜 뚱뚱이가 되었느냐고 호들갑을 떨지 않기 때문이다. 여기서 나는 미디엄을 입는다.

서울에서 오랜만에 만나는 사람들이 나의 갑작스런 비만에 놀라고 황당해 하는 일에도 진력이 났었다.

심지어 과묵해서 하루에 단 두 마디쯤 하는 친정오빠가,

"뭔 살이 그리 졌대!" 하고 불쑥 화난 것처럼 말하기도 했었거든.

그들은 내가 마구 먹어댔거나 혹은 중년이 되더니 너도 별 수 없구나… 라는 듯이 호들갑들을 떨었다. 내가 살 쪄간 이유는 사실 약물 때문이라는 걸 말하고 싶진 않다.

흔히 의학적 용어로 약물의 부작용으로 인해 얼굴이 보름달처럼 둥그렇게 살찌는 것을 문 페이스라고 한다.

약물들은 일단 졸게 만들고 그 다음에 잠재우고, 그 다음에 엄청 먹어대게 했다. 그러니까 뇌신경의 예리한 부분을 잠들게 혹은 멍청하게, 둔하게 만드는 것이다.

3년쯤 그랬더니 정말 딱 10킬로그램이 올랐다.

거울 속에서 나를 내가 봐도 한심하고 골이 났다.

거기엔 과거의 예리하고 히스테릭한 나의 모습은 간 데 없고, 무엇에 놀라서 눈을 휘둥그레 뜬 뚱보 여자가 보이곤 했다. 내가 나를 용서할 수 없었다. 물론 살이 쪘으니까 쪘다고들 그러겠지. 그런데 이건 살이라기보다 약물로 인한 부종에 가깝다고 봐야 한다.

몇 년 전 남편의 싱가포르 행으로 인해 돌연 발현한 내 병은 상담의사조차도 믿지 않는 모양이다. 무언가, 무언가 내 무의식 속에 잠재되어 있는 어떤 다른, 납득할 수 있는 심리적 요인이 있을 거라는 거다.

질문 : 혹시 남편이 바람피우십니까?

대답 : 네? 아니요….

질문 : 직장에서 문제가 있습니까?

대답 : …싫은 동료가 한 사람 있어요.

질문 : 왜 싫은 겁니까?

대답 : 싫은 사람하고 닮았고, 또 그냥 별 이유 없이 싫어요.

질문 : 그래서 어떻게 하고 지내십니까?

대답 : 싸웠어요.

질문 : …….

대답 : …….

질문 : 현재 가장 괴로운 것이 무엇입니까?

대답 : Flight Fear.

대답 : 왜요?

대답 : …그냥요.

질문 : 운전은 하십니까?

대답 : 네.

질문 : 자동차는 무섭지 않습니까?

대답 : 네.

질문 : 운송수단 중 비행기가 가장 안전하다는 통계를 아십니까?

대답 : …통계적으로는 압니다.

질문 : …그런대도 공포가 심하십니까?

대답 : 내가 탈 때는 물론이고 가족들이 탈 때도 온갖 생각이 다 들어요.

질문 : 그래서 그런 일이 일어났습니까?

대답 : …아니요.

질문 : 그런데 왜 그렇게 두려워하십니까?

대답 : 확률, 가능성…은 있지 않습니까?

이렇게 해서 내려진 병명은 복합성 불안 우울증이라 했다. 주증상은 재앙적 사고장애이고.

보통 사람들도 누구나 지니고 있지만 일상생활에는 지장이 없고, 더구나 일어나지도 않은 미래의 일들을 두려워하느라 잠자지 못하는 사람은 드물다는 거다.

아까 얘기로 돌아가서.

7년 전 어느 날 남편이 일주일 후에 싱가포르 학회세미나에 가야 한다고 했다.

그 이전에도 해외출장이 없었던 건 아니다. 혼자 호주에 가서 여름휴가 내내 퍼스대학의 기숙사에 기거하면서 어학을 배우고 온 적도 있었다.

그때 그는 아주 즐거웠나 보다. 자전거를 빌려서 캠퍼스를 왔다 갔다 하면서 아무 것에도 메이지 않고, 서투른 영어로 대충 의사소통이 가능하고, 대체로 아주 즐거웠을 것이다. 내가 한 번 꼭 가고 싶어 하는, 관념적으로도 어쩐지 절망과 인생의 에스프리가 깃들어 있을 것 같은 체코슬로바키아에도 나는 못 갔는데 엉뚱하게 그는 갔다 왔다.

서른이 잠깐 넘었던 나이에 그렇게 든 해외여행병(?)이 그의 나머지 인생의 유이有二한 즐거움이 되어버렸다. 나머지 하나는 보디빌딩이다. 근육을 우람하게 키우는 것.

그는 걸핏하면 해외학회에 참석했고, 의료봉사단 단장을 자원하고, 보디빌딩 시합에 선수들을 데리고 휭 하고 날아가곤 했다.

브라질에 갔을 때는 얼마동안이나마 소식조차 들을 수 없었다. 그때는 젊어서였는지 나는 별 불안감 없이 지나갔다. 시시하게 겪는 Flight Fear 따위도 없었다.

남편은 필리핀 오지, 체코슬로바키아, 비엔나 로마…. 자꾸 해외로 다녔다. 그가 가보지 않은 곳은 북한하고 소말리아쯤이라고 나는 과장해서 말했다.

앞으로 돌아가서.

어쨌든 남편은 공무를 수행해야 하니 싱가포르를 꼭 가야 했고, 나는 설명할 수 없는 극심한 패닉현상을 일으켜 청심환을 숟가락으로 짓이겨 목 안으로 흘려보내야 했다. 그때 내가 알고 있던 안정제 계통의 약은 유일하게 청심환이었다.

나는 내가 과부가 되고, 남편은 시신도 찾을 수 없게 된 상황에서 혼자 아이들을 키워나가는 일…, 그런 상상을 하며 극도의 두려움을 느꼈다. 돈도 많지 않고, 아이들은 어리고, 나는 극도로 남편에게 의지하고 살아와서 도무지 그런 경우에 어떻게 살아가는 건지 눈앞이 푹 꺼지는 거다.

하긴…. 그 해에는 유난히 재난들이 많았지.

페리호가 전복되어 수백의 사상자가 났고, 목포행 비행기가 운악산을 들이받아 추락했지, 내 어머니가 돌아가셨던 불운한 한 해였다.

또 한 가지….

그 즈음 잠재적인 마음의 죄 하나로 괴로워했다.

내게 죄지은 것 없이 가장 신랄하게 미움을 받은 사람이 '미세스 서'였다. 그녀는 청상과부다.

그녀가 새로 우리 팀에 들어왔을 때 나의 인척 중 하나와 얼마나 닮았는지 가슴이 꽉 막혔다. 나의 인척 그 사람은 내 삶의 궤적에서 만나진 여러 인연 중에서 서로 싫어하게 된 사람이다. 대단히 싫어하는 사람이거든. 이유를 막론하고.

미세스 서는 가느다란 테의 안경을 걸치고 안경 속으로 이리저리 돌려 옆 사람, 앞 사람, 뒷사람까지 탐색을 했다.

그녀와 한바탕 싸운 날 그녀가 울며불며 흘린 눈물과 콧물을 닦아낸 휴지가 책상 위에 쌓여있는데 거기다 머리를 탁 처박고 어깨를 들썩거리며 끝도 없이 흐느꼈다. 대책이 없더라고.

어쨌든 나는 가해자처럼 되었고 그녀는 피해자가 되어버렸다.

사건의 개요에서가 아니라 현실적 처지에서 나는 남편이 있고, 원체 강한 여자고, 공격적이고, 자만심이 하늘을 찌르고자 하니까라나. 자식농사도 잘되어서 자랑이 넘치므로.

다만 남편이 없는 그녀에게 그렇게 하면 안 된다는 거다. 우리가 잘해 줘야지 뭐…. 이런 논리였다.

어쨌든 미세스 서는 오랫동안 그런 대접을 받아와서 알게 모르게 다른 사람들에게 응석을 부리는 거였다. 하지만 나는 그녀가 미운 짓하는 것 때문에 싫은 게 아니라 그냥, 정말로 싫고 미웠다. 그녀를 어쩌다 회의에서 만나게 되면 나는 지금도 도망가고 싶다.

싫다는 기분은 사라지고 나를 죄의식에 물들게 하기 때문이다. 창피하게 하고. 기르고 싶지 않음에도 자꾸 자꾸 자라나는 싸구려 난蘭의 이파리들 같이.

남을 이유 없이 갈군 죄로 너도 과부가 될 거다… 라는 너무나 황당한 주술적 공포에 빠졌던 거다.

결국 첫날 남편은 싱가포르 행을 포기했지.

그런데 D일보의 인물동정란에 ○○○교수 체육생리학회 세미나 차 싱가포르 출국이라고 나와 있더라고. 남편이 일간지의 인물 움직임란에 나올 만큼 유명인사도 아닌데, 어떻게 얻어 들은 정보를 마침 칸 메울 참이었는지….

시원찮은 아내의 패닉현상 때문에 공적임무를 수행하지 못한다는 것, 그것이 또 나의 마음을 찔러댔다. 약방에서 온갖 종류의 안정제를 지어다 놓고 남편을 떠나라고 했다.

그 이튿날 남편은 싱가포르로 떠났다. 간다는 말도 없이 가라고 그랬더니 정말 훌쩍 비행기를 타고 그 이튿날 이른 아침 6시에,

"응, 나 여기 왔어. 싱가포르에…" 하는 것이었다.

그때 발병한 혼합형 우울증이 지금까지 나를 약물에 의존해서 살아가지 않을 수 없게 만들었다. 그것은 갱년기 현상이 찾아올 만한 나이에 선천적 불안증까지 겹쳐 총알과 권총이 다 준비된 상태에서 방아쇠를 탕 당긴 것과 같다고 한다.

미세스 서를 미워한 죄를 내가 받나보다 그랬다.

누구에게 미움을 받는 것보다 누구를 미워해야 한다는 것은 정말로 힘든 일이다. 지옥이 따로 없다.

미워하지 않는 것이 상책이지만 그게 쉽지 않으면 참는 거 말고 물리적으로 떨어져 있어라. 이것은 나에게 내려 준 닥터 황의 충고다. 그래서 휴직계를 내고 물리적으로 이렇게 머얼리 떨어져 나와 보았다.

Nudge강.

강물 위에 수많은 해파리들이 망가진 우주선처럼 표류하고 있다. 죽은 건지 산 건지 물결의 움직임에 따라 하염없이 부유하고 있다.

여기 앉아 있으면 브리즈번공항에서 뜨는 비행기들이 조용히 고요히 날아오르는 것이 보인다.

나 오늘은 몹시 침울하다.

내가 이 누더기 같은 강가에 혼자 앉아 있는 건 삶에 대한 뭔 멋인지 모르겠다. 막연히 이런 식으로 얼마간 살다보면 약물이 필요없게 되고 자연의 치유력이 폐 깊숙이, 세포 칸칸이 맑은 피돌기가 새로 시작할 것 같았는데 쉽지 않다.

저 육중한 비행기는 도대체 어떻게 저리 높이 붕 떠가나.

외경과 공포.

물리적 존재가 어찌 사람의 정신에 지대한 영향을 주는 것일까. 나의 주증세 중 가장 대표적 하나는 Flight Fear이다. 아마도 이건 유년의 기억과 심각한 관련이 있다고 본다.

닥터 황이 열심히 질문하던 유년의 기억….

모든 인간의 본질은 유년기의 경험에 의하여 결정되어진다고 한다. 100% 그럴 리야 없겠지마는….

백일홍과 달리아, 봉선화, 꽈리…, 무언지 알 수 없는 이파리 작은 음지식물들이 담 안으로 어우러져 이리저리 피어있는 뜰. 햇빛이 눈부시게 쏟아지고 기억을 떠올리면 아무 소리도 들리지 않는 정적에 귀가 아파지는 그런 뜰에서 나는 자랐다.

때로는 꽃밭에 앉아서 꽃 이파리를 쳐다보고 한 잎 두 잎 큰 마음먹고 뜯어내어 손바닥에 가만히 누르면 꽃잎은 천천히 멍이 들고 풀 냄새가 난다.

나는 다섯 살이다.

한국 전쟁이 발발했을 때 나는 세살이었다. 그 전쟁이 끝나갈 무렵엔 여섯 살이었다고 기억된다. 전쟁의 잔해들이 여기저기 이리저리 놓여있는 거리와 무너진 지붕들이 뇌리에 남아있다.

손발을 비롯하여 온몸이 까매진 거지아이들이 거리 곳곳에서 두 손을 높이 들고 구걸하고 있었다. 내게 있는 사탕 하나를 주고 싶어 만지작거리긴 했는데 수줍음 때문에 빠른 어머니 걸음에 이끌려 못 본 척 지나갔다.

나는 평생 선행을 하거나 봉사를 해 본 적이 드물다. 거의 없다고 봐야지. 인간미가 없어서는 아니다. 그보다는 수줍음 때문이겠지.

모든 일에 익숙해지기 전까지는 두려움과 근심을 떨쳐버릴 수가 없었어. 믿기지 않겠지…. 정말이다.

얼굴에 철판을 깐다는 삼십대를 지나고 목소리마저 우렁찬 아주머니가 되고, 이제는 그렇지도 못하고 금방 목이 쉬어버리는 노인이 되어가는 지금도 나는 새로운 인생에 대해서 심히 두려워하고 근심하고 수줍어한다.

아니, 이야기가 어디로 흘러갔나? 꼭 샛길로 빠진다니까.

뜰에 햇빛이 쏟아져 내리는데 난데없이 비행기가 쏜살같이, 아주 낮게 내 등허리에 커다란 콩알을 쏟아 내리는 것처럼 하늘을 날아갔다.

나는 앙앙 울기 시작해 너무나 무서웠다.

삐걱대는 집안의 고즈넉이 무서워 뜰로 나서면 콩 볶는 듯 비행기 편대가 저공으로 날아가곤 했다. 내 등 위로 그 굉음은 총알을 쏟아 내릴 것처럼 무시무시한 소리를 남겼다.

비행기를 피해 뒤란으로 돌아가는 좁은 담 모퉁이에 등을 최대한으로 좁혀 구부러지게 하고 나는 사람이 아니라 아주 작은 돌로 보이기를 원했다.

다섯 살에 너른 집에서 혼자 집을 보던 기억은 지금도 눈이 시리게 애절하다. 사람의 무의식과 그 본질적 사람됨은 생후 3년까지의 기억으로 모두 이루어진다고 한다.

무서움이 많은 아이가 추구하는 것은 안정된 생활이다. 그리하여 이런 아이는 낙관적인 아이보다 호기심도 적고 무모함도 없다. 주변 세상을 탐구하면서 부딪치게 될지도 모른다는 위험도 가능한 한 피하려고 한다.

이러한 유년기의 무섬증이 심하게 지속되게 되면 아이는 어떤 변화로부터의 위협이나 심지어 자기 일상의 작은 변화조차도 거부하고 자기가 안전하다고 믿는 틀 속에만 머무르려 한다.

이것은 단지 자기 밖의 세계에 있는 사람이나 사물을 무서워하고 피하는 것만으로 끝나지 않는다.

〈중략〉

– 밀턴 H. 밀러 〈나보다 더 아픈 그대에게〉 중 –

그렇다. 유년기의 나는 몹시 외롭고 무서웠다.

전쟁에 대한 공포도 아주 심했다.

다섯 여섯 살쯤의 나는 분명히 이렇게 말했다.

"나는 사람이 아니고 방문에서 펄럭거리는 문종이라면 좋겠다."

나는 그렇게 말했다.

"오메? 요 쬐깐한 것 말하는 것 봐라."

네 명의 손위 언니들이 놀렸다.

좀 영특한 아이의 돌발적인 별 의미가 없는 말 한 토막이겠거니 했을 거다.

어머니는 열렬한 개신교도였고 새로 일어나던 부흥운동의 기수였다. 그리하여 교인심방이라는 사명에 의해 부득이 나를 혼자 두었던 것이다.

정전직전停戰直前, 아직도 전투기들이 저공으로 날아 북쪽으로 사라지곤 했다.

오전 내내 혼자 집에 남아있던 내게 그 비행 굉음은 주공포 대상이었다. 어두컴컴한 적산가옥의 삐걱거림이 무서워 뜰에 나와 앉아 있으면 내 이마 위로 콩 볶듯이 총알이 내려 쏟아질 것 같은 비행기의 소음을 견뎌야 했다.

나는 매일 울었다. 소리 높여 울기도 하고, 훌쩍거리며 뜰을 맴돌기도 하였다. 그러나 아무도 도와주지 않았다. 아니다. 사실 나를 도와주러 누군가 한 번 오긴 했다. 그런데 그는 나보다 더 연약한 옆집 복남이였는데 나이는 나와 동갑, 다리를 저는 그리고 그 집 가족들 중 그야말로 조용히 혼자 버려져있는 듯한 아이였다.

그 아이가 홀로 나의 울음소리를 듣고 절룩거리며 나에게로 와서 울지 말라고 달래던 생각이 난다. 그러나 나는 더 크게 울었다. 울지 말라고 말하는 복남이의 조그맣게 여윈 모습, 슬프게 생긴 눈, 더러워진 손을 보고 더욱 크게 울 수밖에 없었다.

나중에는 공포와 복남에 대한 연민이 합쳐져서 나는 거의 패닉상태가 되었다. 그제야 어머니가 사태의 심각성을 알고 그 대안으로 나를 일찌감치 학교에 입학시키는 것으로 나의 별리공포는 잦아드는 듯 했었다.

그러나 과연 그것이 어머니의 처방대로 잘 적용되었을까…. 물론 아니다. 나는 아주 덜 떨어진 여섯 살에 초등학교에 던져진 것이다.

낯선 것들은 모두 두려웠다. 나중에 가보니 별로 크지도 않더만, 엄청 넓은 운동장에 뿌옇게 일어나는 먼지와도 같은 아지랑이도 무섭더라니까. 말 한 마리가 운동장 구석 말뚝에 메여 있다가 흐흐응 흐흥 하늘을 보며 울고 있었다.

내가 사람이라는 인식이 뇌리에 들어서면서 나는 무서워했다. 세상은 예상대로 작은 포비아 환자가 살아가기에 험하고 힘들었다.

지금도 살아오면서 조금씩 깨진 일도 내 발목을 잡아 쥐고 놓지 않는 거다.

한밤중에, 누구에겐가 깨졌던 과거의 일이 나를 분하게 해서 잠을 못 잤다.

과거는 털어버리고 미래를 향해 힘차게 나아가자고?

미래는 없어. 모두 과거가 되고 말아.

낙관주의자와 비관주의자는 두개골의 구조가 분명 다를 거다.

뇌는 호르몬의 흐름이 반드시 다르다고.

씩씩하려고 해서 씩씩한가? 타고나서 그렇지.

울고 싶어 우나? 눈물이 나니까 울지.

생물학적인 문제라고.

비딱한 유전자 하나의 잘못됨이든가.

그러니 나라고 뾰족한 수 있어?

수없이 처방된 약물로 버팅기는 수밖에.

'변명도 들어보라고. 무조건 마음 약해서 큰일이라고 하지 말고.'

아침에 빨래를 널러 뒤뜰에 나가섰더니 앞집 창문 커튼 뒤에서 앞집 남자가 커튼을 슥 열며 얼굴을 내밀었다. 회색 수염을 말끔히 밀어버려 그를 숨어보며 나 혼자 상상했던 늙은 군인의 모습은 싹 사라지고 아직 젊고 얼마간 스페인 계통의 피가 흐르는 그런 얼굴이었다.

이름이 뭐냐고 묻더라고. 킴이라고 그랬지. 멋있는 이름이라고 그는 칭찬을 했다. 한국의 가장 흔하고 별 볼일 없는 성씨라고 설명할 필요도 없었다. 그리고는 한다는 말이 밤에 자기 집에서 파티를 하는데 오겠느냐고.

"아, 노…" 하고 얼른 "생큐" 했다.

저 선량해 보이나 알 수 없는 이국 남자가 연쇄킬러 아니라는 법 있냐고. 대낮에 집에 처박혀 있는 걸 보면 건달 아니겠어? 이렇게 마구 사람을, 이웃을 무서워해도 되는 건지 몰라도 어쨌든 빨래 널기도 그만두고 내 방으로 돌아왔어. 가슴이 벌렁벌렁 뛰는 거다. 느닷없이… 말을 걸고 말이지.

소파에 쭈그리고 앉아 대책 없이 K마트에 간 남편을 기다렸다.

창 밖으로 비가 내리기 시작했다. 바람도 꽤 부는지 커다란 열대 꽃 나뭇잎이 보랏빛 큰 나비처럼 펄럭펄럭 날아 내리는군. 도무지 혼자는 안 된다는 생각이 들었다. 뭘 혼자서 이겨내고 싶었는지 그 이유조차 희미해진다.

미숙하지…. 너무나 덜 떨어졌지. 유년기의 별리불안이 병인病因인지도 모른다만….

남편은 나의 편리였나 봐. 잠시 곁에 없으니까 너무 불편하다. 부부는 익숙해진 서로의 필수도구라고 신랄하게 말해도 되나.

남편이 돌아왔다. 김밥거리와 열대과일 말린 것 두 봉지, 티슈와 껌을 사왔다. 그에게서 빗물 냄새가 났다. 그를 사랑하리라고 결심해 본다.

떨어진 보랏빛 꽃 이파리가 자동차 바퀴에 짓이겨 꽃물을 흘린다. 누사로 떠나기 전에 왠지 이사야서를 한 장 읽고 이사야가 왜 그리 분노하고 슬퍼했는지 알 것도 같아 잠시 묵상했다.

천천히 안전하게 가야겠다. 운전석이 우리와 반대라 조심스럽지. 그러나 경부고속도로보다 훨씬 맘은 놓인다. 5시간? 정도 걸릴 것이다.

지도를 다시 한 번 들여다보는데 눈에 익혀둔 지명들이 맘에 든다. 뉴캐슬, 쥴리엣, 타우포, 케터필, 하비베이….

오랜만에 어떤 기대감으로 가슴이 좀 들떴다. 밤새 내리던 비도 그쳤다. 누사에서 나에게 잠이라는 축복이 내려지기를….

《시 한편》

몸이
나만 불편한 줄 알았더니
저이는 아주 앓아눕고 사네

주머니가
나만 가벼운 줄 알았더니
저이는 겨우 보릿고개를 넘네

이별이 내게만 아픔인 줄 알았더니
저이는 생이별로 또 주름이 지네

일이
나만 안 되는 줄 알았더니
저이는 공들인 탑이 자주 무너지네

세월이
내게만 덧없는 강물 같더니
저이는 어느새 이승을 묻네

나는
나 한사람이지만
어쩌자고 저 사람들은 세상에 넘치네

어제는 내 울음만 크게 들리더니
오늘은 남의 울음이 더 크게 들리네

– 여고시절 신화적 존재셨던 김광회 선생님의 시 –

약을 한 알 더 삼켰으나 잠이 안 온다. 생각해보면 잠이 오지 않을 수밖에 없다. 오후에 나도 모르는 새 가수면 상태를 떠돌다 다 저녁때 정신을 차리니 밤에 잠이 올 리 없다. 정말 이대로는 안 되겠다.

자그마한 토방, 손질 잘된 서랍장 하나 있고 그 위에 깨끗한 차렵이불 한 채, 그리고 누비천으로 씌운 메밀 속을 넣은 베게 하나. 흙냄새 가득한 방바닥…. 그것만으로도 만사 O.K.일 것을….

❦ 불꽃

아버지는 은행의 보일러실에 근무했는데, 나는 그의 도시락을 가지고 그가 일하는 지하실 계단을 내려간다.

겨울이다.

어머니가 지어 준 점심을 아버지는 맛있고 정갈하게 먹는다.

비록 지하의 조그만 보일러실이었지만 깨끗이 청소되어 있고 따뜻하다. 잉잉거리는 철판 문 뒤에서 콕스탄이 열렬히 탄다. 그때 내가 일곱 살쯤이었을 테니까 아버지는 57세이다.

내가 즐겁게 그의 식사가 끝나기를 기다릴 수 있는 것은 그곳이 따뜻했기 때문이고, 또 그가 나를 집으로 돌려보낼 때 아주 조금이나마 주전부리 돈을 쥐어주었기 때문이다.

아버지가 보던 책은 일본어판 보일러 전문서적이다. 마치 지금의 의학 사전처럼 크고 금빛 장정을 씌었다.

아버지는 일본어를 해독한다. 바람처럼 일본으로 건너가서 자식 낳고, 공부도 하고, 비행기 공장에서 노무자관리를 했다. 각반을 찬 그의 군복 모습을 사진으로 본 적이 있다.

나는 지금도 아버지가 어느 때부터 그렇게 생계를 유지하는데 무능했을까 하고 생각하곤 했다. 귀환 후에 평생 무기력자로 살아간 이유가 무엇일까를….

어머니의 뼈를 빠지게 고생시켰던 인물 좋았던 아버지.

나는 그의 정체를 모르겠다.

지금은 백골이 진토 되었을 그가 나의 아버지로서 나에게 어떤 역할을 해주었는지 어떤 인생을 보냈는지 아주 모른다.

이상한 일이다.

일 원짜리 지폐를 손에 꼬옥 쥐고 거리로 나간다.

빈 도시락은 아버지가 가지고 온다.

거리는 춥다.

불이 활활 타는 보일러실에서 나온 나는 갑자기 엉겨 붙는 찬 공기에 볼이 빨갛게 달아오른다.

항구의 겨울 공기는 맑고 차가운 바다냄새를 품고 햇빛이 무색하게 차다.

"저 아이 봐! 볼이 장미꽃 같구나…."

지나가는 행인이 내게 미소를 던지며 말한다.

장미꽃 같이 예쁜 볼을 하고 나는 빨리 달리기 시작한다.

그렇게 말한 이가 얼마나 서정적인지…. 그렇게 느낄 수 있게 만든 나는 얼마나 어여뻤는지 계산도 못하는 시기였으니까. 뭣도 모르지만 발바닥부터 기운찬 힘으로 해풍을 맞으며 빠르게 달리면서 가슴이 두근두근하는 기쁨을 느꼈다.

그때의 기억은 내가 아주 불행한 기분에 젖어 있을 때 떠올려내어 나 자신을 위로할 수 있는 어떤 힘으로 단단히 저장되어 있다.

거 참 이상한 일인데 그로부터 한 이십 년 후에 나는 바로 그 거리를 걸어가고 있었다.

분홍색의 스판 원피스를 입고 또각또각 걸어갔다. 허리까지 긴 머리카락이 산들산들 흔들린다. 아직 야망은 다 이루어지지 않았지만 충분히 아름답다고 스스로 자각하므로 눈빛이 쏘는 듯 빛난다.

뒤에서 중년 남자 둘이 따라오다가 이렇게 말했다.

"여기 아가씨들, 멋져. 아주 멋져. 요코하마에 가면 저런 멋진 아가씨들이 있지. 흠흠" 그런다.

침침한 은행의 건물은 이름만 바꾼 채로 아직 거기 남아있었고 장미꽃 볼을 한 소녀는 이미 다 자라서 요코하마 부두의 선원들을 애태우는 그런 모습으로 변해 있었다.

같은 거리, 같은 장소.

어려서 바람을 받으며 달려 나아갈 때의 터질 듯한 가슴 속은 이미 어느 정도 평정되고 뒤에서 젊은 여자애에게 실없이 던지는 늙어가는 남자들이 왜 그러는지도 이미 알게 된 때였다.

가슴 속은 아직 불타고 있었으나 나의 볼은 더 이상 바람에 장미꽃처럼 빨갛게 피어나지 못하고 분바른 얼굴에 연지를 발라 요염하게 보이고저 한다. 그러나 나는 가슴속의 불타는 것이 사그라질 때가 있을 것이고 더 이상 빠르게 달려 나가지도 못하리라는 것을 이미 알게 되었다. 그러나 그들이 던져대는 추파를 나에 대한 갈채로 이해하게도 되었다.

나는 천천히 구두 굽을 조금씩 비틀어 가장 아름다운 허리선을 만들어내는 걸음걸이로 걸어 나간다. 가슴속엔 허물어지기 위해 정작 불꽃은 더욱 활활 탄다. 그렇게 청춘이 갔다.

약을 닥치는 대로 집어 삼키고, 강○○의 『허무수첩』을 이것으로 스무 번째쯤 들고 앉았다.

그녀는 오래전 뇌수술로 인해 일종의 기면병 증세가 있는 것으로 짐작되는 글들을 썼다. 그녀가 바리움*에 대해서 느린 호흡으로 쓴 글을 읽으며 그녀의 가냘픈 어깨와 커다란 눈을 한참씩 들여다본다.

동병상련이라고도 볼 수 있고 그럼에도 불구하고 저처럼 아리따운가 하고 탄식하면서 부어서 작아진 내 눈을 미워하며 가여워하며 거울에 비춰보기도 한다.

언제쯤 되어야 나는 늙고 살찐 여자로 살아가는데 익숙해질 것인가!

---

* 신경안정제

중계동 집에서

브리즈번에서 돌아온 지 벌써 2달이 지났다.

그 사이 창문 앞 목련나무의 키가 훠하니 자라 이파리가 씻어둔 그릇바구니 위에 그림자를 남기며 몸을 흔드는 것이 보였다.

오늘 주차장에서 남의 차를 조금 긁었다. 그리고 잽싸게 도망쳤다. 맹세하건대, 큰 손상이었으면 나는 임자를 찾아 배상할 것이다. 이것은 양심의 문제가 아니고 도회적 세련미라고 해야 한다.

적어도 자동차를 몰고 다니려면 어느 정도의 데미지에서 물러날 것인가 아니면 적극적으로 해결할 것인가를 알아야 한다.

내가 상대방에게 피해를 입혔을 때도 그렇거니와 별 거 아닌 데미지를 입은 경우에도 한 건 잡았다는 등 으르르 딱 대는 일은 없어야 한다. 그거 촌스러운 일이다.

❦ 선입견

나의 학생이었던 경섭은 이상했다.

담임 말로는 머리가 너무 좋아서 그런다고 한다.

정말로 머리가 좋아서 그러는가?

뭐 천재와 기인이 닮은 것이라면 할 말 없지만.

상황 파악이 전혀 안 되는 것이 천재성을 보장하는가?

좁다란 우물에서 머리를 쳐들고 주먹만 한 하늘을 넘나보면서 "우주가 어디 있다고? 이해가 안 되는데요?" 하는 셈.

도교의 자연주의적 사상이라는 것도 있다. 그것이 한때 한 기인에 의해서 대중사회에 노자 붐을 일으켰는데,

경섭 : 선생님이 말씀하시는 것이 무위無爲사상 그런 것인가요?

나 : 무위? 뭐 무위씩이나?(뭔 애가 영감탱이 같애?)

ㅂ교사 : 경섭아, 가서 명렬표 좀 가져오너라….

경섭 : 그게 부피가 얼마나 되는데요?

뭔가 내 속의 애매한 부분을 건드리면 당장 난폭해지는 히스테리류類.

바로 어제 내 속을 건드려 놓고 오늘 계단에서 만난 아이. 출석부를 옆구리에 소중하게 끼고 계단을 재빠르게 다 올라 선 후 90도로 정중하게 "선생님, 안녕하십니까."

이 아이와는 중간고사 시험 문제로도 나와 시비가 벌어졌는데 얼마나 완고하게 자기주장을 굽히지 않는지 나는 그야말로 치사하게 화를 내고야 말았다.

그 아이가 그 문제로 나를 만나러 온 것은 다섯 번이다. 네 번째는 자기 부친과 열심히 조사해 보았는데 결론은 자기 말이 맞다는 것이다.

나는 또 치사하게,

나 : 너희 부친께선 뭘 전공하셨니?
경섭 : 의학입니다.
나 : 무슨 과?
경섭 : 소아내과입니다.
나 : 그래? 너희 부친은 소아병에 대해서는 나보다 잘 아시겠지만 윤리는 내가 더 안다. 임마! 너 그래 가지고 이 험한 세상을 어떻게 사냐? 썩 나가. 골 아프다.

경섭은 그 다음 날 다시 나에게 왔는데,

경섭 : 선생님, 어제 골 아프시다고 했는데 오늘은 좀 나으신가요.
나 : ?!
경섭 : 저 때문에 골 아프셔서 죄송합니다. 제가 틀린 것 같습니다.

졌다.

지친 채 어렵게 잠들어 짧은 꿈을 꾸었다.

꿈에 아주 가끔 나는 여린 순 같이 청초한 존재가 되어서 가슴이 녹아드는 듯 그리운 정경 속에 서 있다. 그것이 무엇인지 아주 잘 모르지만, 나는 이제는 다 잃어버린 사랑과 그리움에 대한 아직 민음을 가진 존재로 느껴진다.

내 근처 어디에 한 무리 소년들이 서서 휘파람을 분다.

소녀시절, C가 노래 잘하는 윤오에게 부탁해 나를 위해서 불러주던 '남몰래 흐르는 눈물'의 첫 소절이 들린다.

무서워서가 아니라 너무나 아름다워서 꿈을 깬 나는 조금 운다.

절대로 다시는 오지 않을 추억 때문에 가슴이 꽉 메이는구나.

오늘도 아무도 없는 저녁에 홀로 있다.

남편은 댈러스에 사는 규봉 씨 왔다고 좋아라 나갔다. 저렇게 좋아라 만날 사람이 있으니 좋겠다.

나는 30년 지기인 후배 성희를 만남에도, 만나고 싶음에도 문득 번거로울 때가 있는데.

유니는 아직도 실연의 호수에서 헤엄치고 있나? 착한 여자들이 가버린 사랑 때문에 괴로워한다고.

참으로 똑똑한 여자는 자기 할 일 다 하면서 연애한다. 아직도 우니? 남자가 뭐 그리 대단해. 이 바보 같은 여자야.

– 신경림의 글 〈빵은 유쾌하다〉 중 –

후회 1

경섭의 이상한 행동에 화를 버럭버럭 낸 일을 후회한다.

후회 2

경섭이 나에게 질문하는 일을 가소로운 것!

하고 일부러 무시한 내 태도가 싫다.

아날로그

지나친 선심은 싫다. 반드시 인간을 번거롭게 할 것이라고 믿었던 기계가 역시 그 마각을 드러냈다.

학교 성적 전산망이 뒤틀어져 성적표를 다시 수작업手作業했다. 돋보기 끼고 성질을 한껏 부리는데 덕자가 성적카드를 빼앗듯 가져가려고 했다.

"인 줘봐아…. 내가 해줄 틴 게…."

덩치로 밀기까지.

싫다고 바락 악을 썼다. 삽시간 바보가 된 기분이다.

다들 디지털로 산듯하게 가라! 나는 아날로그로 남겠다.

너무 화가 나서 다 집어치우고 운동복으로 갈아입고 음악이 천정을 두들기게 크게 틀어 놓고 혼자서 자이브를 추었다.

지붕 낮은 교실.

아이들이 던져버린 온갖 쓰레기 위에 초라한 운동기구 두엇이 놓여있다. 수동으로 움직이는 물구나무 기계에 올라가서 거꾸로 누웠다가 죽을 뻔했다. 아무리 용을 써도 무거운 몸을 다시 일으킬 수가 없었다.

마루에서 남편이 눕는 소리, 어느덧 코고는 소리.

그가 소변을 보고 뚜껑을 닫지 않은 변기 위에 앉다가 폭 빠졌다.

"변기 뚜껑을 왜 열어 논거얏! 변기 뚜껑을 왜 열어 논거얏! 변기 뚜껑을 왜 열어 논거얏!"

자다가 깬 남편은 "엉? 엉? 엉??" 못 알아듣는다.

산다는 것이 이거인가?

《지니고 있는 것들》

· 그럭저럭 먹고 살만한 돈과 직업.
· 변두리 45평 아파트.
· 자동차 2대(1대는 7년차).
· 충북 영동 설계리의 밭 400평, 공동 명의의 포도밭 400평.
(남편 것이 내 것이고 내 것이 내 것이라는 명제)

《할 줄 아는 것》

· 피아노 연주.
· 자동차 운전.
· 악보 보고 노래 부르는 것.
· 테니스와 골프.
· 평형수영.
· 휘파람.

《좋아하는 것》

· 테니스 복식 게임.
· 노래하기.
· 옷 바꾸어 입는 것.
· 휴먼 드라마 보기.
· 영어로 말해보기.
· 수필 읽기.

《싫어하는 것》

· 타인에게 말 걸기.
· 전화 길게 하는 것.
· 건강염려증.
· 삶에 대한 지독한 애착(사실은 죽음에 대한 가여운 공포).
· 비행기 여행.

· 과체중.
· 포커페이스.
· 회식.
· 군대 안 간 녀석.
· 이상한 방법으로 뜨는 연예인.
· 내 이름.
· 야무진 사람.
· 기독교 환자.
· 떠드는 아이.
· 꽁지머리 한 아이와 그 엄마.
· 이중성(복합성 말고).
· 마광수, 노랑머리,. 장정일, 쇼걸, 감독과 여배우.
· 골프연습장에서 순대 먹고 떠드는 여자들.
· 정신적 자해

※ 좋아하는 일 VS 싫어하는 일 = 잽도 안 된다. 그러니 불행하지.

◆공치기

데이븐 포트와 비너스 윌리암스 — 윔블던 파이널 세트
정말 공을 잘 친다.
라켓에 공 맞는 소리가 경쾌하다 못해 관능적이지.
비너스 윌리암스는 어지간히 꾸미고 있음에도 토종 아프리카 처녀이고, 데이븐은 체격이 엄청 큰 못생긴 백인 처녀다.
조금만 예뻐도 호들갑을 떠는 매스컴이 조용하다.

일본 여성 해설자가,
"비너스 카리스마노!" 한다.
찡그리고 있던 데이븐이 잠깐 미소를 짓고 바로 더블 폴트.

둘 사이에서 내 마음이 오락가락한다.

좀 이상하게도 두 사람이 브레이크 포인트로 상대방의 게임을 따고 자기 서비스 게임은 놓친다. 남성 게임에서는 좀처럼 그러지 않는다.

엄청 공을 쳤던 여름날들….

날렵하고 미끈한 공도 제법 쳤다.

하루 종일 복식게임을 하고 집에 가선 엉금엉금 기어 다니기도 했다. 엘보에 걸리고서도 무식하게 공을 쳤다.

테니스 마약이라더니.

잘 때도 테니스 라켓을 껴안고 잤다는 이도 있었다.

노름에 맛들인 이가 천장에 화투를 주르륵 그려보며 잔다더니.

자궁을 절제하고 나서 겨우 한 달 만에 테니스를 다시 시작했지만 곧 의욕상실로 그만두고 먹어대고 잠만 자대게 하는 약물로 인하여 체중이 10킬로그램 이상 불었다.

> 욕망으로 인하여 육신이 뚱뚱해진다.
>
> – 신경림 –

공을 칠 때도 하수에게 패했을 때의 괴로움은 지금도 자괴감으로 남아있어 최근에 덕자와 잠깐 게임을 했는데 공치지 않은지 오 년이나 되었는데도 여전히 시퍼렇게 살아있었다. 그래서 다시는 공을 치지 않기로 했다.

꺼림칙한 승부의식이 내 인생 곳곳에서 발목지뢰처럼 깔려 있다.

약을 복용하고도 졸지 못하고. 세라비Ce La Vie.

남편이 필리핀 행을 권유했다. 좋아, 하고서도 갑자기 무섭고 불안해진다. 절대로 고치지 못할 비행기공포증. 배냇병이 아닐까. 단박에 불안감이 안개처럼 가슴속을 휘돈다.

아니야…. 작년엔 하와이도 갔다 왔고.

그때 결심하기를 늙어 병들어 죽을 날만 기다리느니 과감한 인생을 살다 가는 게 낫다고 결론을 내렸다.

약물은 더 이상 몽롱함을 주지 못하고 그럼에도 불구하고 약을 털어 넣지 않으면 안절부절못한다. 내 인생의 만년이 약물에 의해 좌우되리라고는 꿈에도 생각하지 못했다. 그리고 살아가고 있다.

빌어먹을, 앞으로 나아가고 있는 것이다.

◆식욕

우울병을 치료하면서 늘은 것은 식욕이고, 줄어든 것은 성욕이다. 하루 종일 마구 먹고, 배부른 것이 괴로워서 춤을 춘다.

세 번째 맴돔이다.

그러면서 나 스스로 마구 욕을 한다.

'너 바보 아니냐? 에구, 미친 것! 미련한 것!'이라고

나는 나의 나 됨을, 내가 있음을, 그 내가 바로 나임을, 왜 나를 내가 나로 특별히 느끼는지. 미워하고 자조하면서도 왜 잘난 체 하는지.

신비스럽기도 하다, 때로는.

◆골프 연습

드라이버가 맞기 시작하면서 골프 연습이 제법 폼 나게 되었다.

아주 무더운 날. 역시 드라이버 체질…. 흠.

아주 오랜만에 남편이 관능적으로 느껴진 날.

칠월.

이즈음 내 속에 스멀스멀 기어오르는 안티 크리티시즘.

뒤늦게 돈에 눈이 멀어 오늘도 내일도 천당과 지옥을 번갈아 외쳐대는 저 커다란 빌딩의 거주자들이 싫어서라고 핑계를 댄다.

어머니 기도가 끊어져서 그렇다고들 한다. 사실로 어머니 돌아가시고 나서 나는 흐물흐물 정신이 아프다.

가만히 돌이켜보면 화곡동 어머니가 나 어릴 때에 수없이 다짐했던 말,

'이걸 다 키워놓고 죽어야 할 긴데….'

이 말을 수없이 들은 것 같은 것이 사실 들어서인지, 지금 내가 그랬었다고 믿고 싶은 건지, 그랬음에도 불구하고 아버지 90세, 어머니 84세에 영면하심으로 죽음에 관한 나의 고질적 불안을 쫓으려 하는지도 모르겠다.

◆미스터 번디

케이블 어느 채널에서 '못 말리는 번디 가족'이라고 번역된 미국 코미디물을 방영하는데 가족에게 왕따를 당하는 중년 구두장사 남자의 비애를 코믹하게 그려낸 블랙코미디.

감독이 제리 코헨인데 그 유명한 코헨 형제 중 하나가 아닌가 싶다. 왜냐하면 파고(far go)라는 영화를 감독한 코헨 형제의 신랄한 유머와 괴기 취향이 같아 보이기 때문이다.

너무 멀리 간…, 욕망이 너무 큰, 너무 많이 알고 있어서 죽음을 당하는 마피아의 중간보스….

(난 사실 상당히 많은 것을 알고 있어. 체계적이 아니지만 이렇게 늙어 죽기엔 좀 아까워).

어쨌든 버디 씨는 뚱보 아내와 밉살맞은 딸과 아들로부터 왕따를 당하는데 어떤 지나가는 건달의 대사에,

"여기 혹시 중년의 나이에 구두를 파는, 살 이유가 없는 버디라는 사람이 살고 있습니까?"라고, 무릎을 탁 치게 하는 첨예한 유머가 있었다.

그런데 이 드라마를 보기 시작한 지 처음으로 버디라는 사나이가 좋아졌다. 가엾기도 하고 어쨌든 아직은 섹시한 점도 다소 있고, 순진무구해서 와이프에게 허구한 날 당하는 중년의 남자. 그를 구해내고 싶다(?).

일본영화 'shall we dance?'에서 회사원이며 중년의 살 이유가 없는 사나이가 사교춤을 배우면서 서서히 고목나무에 물이 오르듯.

버디를 구할 무슨 방법이 있지 않겠나.

(참, 이러니 걱정도 팔자라는 말을 듣지).

◆도고에서 이틀 밤을

도고로 쉬러 가기 시작한 때가 이미 십 년이 넘었다.

그곳엔 유수풀이 있고 가까이에는 수덕사도 있다.

수덕사에 갈 때마다 엄청난 공사를 하고 있어서 어딘가 숨어있다는 비구니 암자는 결국 오늘날까지도 찾아보지 못했다.

어느 겨울날, 아주 쓸쓸했던 나는 혼자 산길을 걸어올라 가다가 마주친 해맑은 비구니 한 사람을 보았다. 육신의 바라는 바를 모두 떨쳐버렸는지 어쨌는지 모르지만 화장기 하나 없는 얼굴에 까뭇한 주근깨가 신선했다.

세속의 욕심과 상심으로 둘둘 감은 나의 외투와 가죽부츠, 깊숙이 터번 두르듯 멋 부렸던 스카프와 재즈와인이라 불리는 비싼 프랑스제 진한 립스틱이 멋쩍어졌던 실없는 열등감에 마음이 상했다.

300미터 유수풀을 열 번쯤 돌았으니까 3킬로미터를 헤엄친 셈이다.

밤부터 팔 근육이 찢어지게 아파서 진정제를 세 알이나 삼키고서 그 아픔으로부터 벗어나 미친 듯이 잤다. 코를 엄청 골더란다. 젊은 때는 죽은 듯 조용히 잤었는데….

남편이 필리핀에 의료봉사 단장직으로 떠난다.

가라, 가. 이제 다시는 별리공포증 따위에 휘둘리지 않겠어.

"유니, 휴가 받아서 같이 가보자고… 그러지 뭐."

하나 아니면 둘인 인생 아닌가.

내가 두려워하는 것은 사랑하는 이들이 나 없이 어찌 살아갈고 하는 교묘한 미명 아래 감추어진 자기 삶에의 열렬한 애착일 뿐이다.

'켕' 하고 짐승새끼 같은 재채기를 하면서 잊어버리고 싶은 일들을 잊어버리려고 정신없이 외출을 해대던 딸아이가 현관문을 열고 들어선다.

필리핀 비행기표를 예약해 놓고, 안개처럼 피어오르는 비행공포에 스르르 빠져들기 시작한다. 그것을 각오하고, 그럼에도 불구하고 미지에의 공포에 굴하지 않는 인생을 이제부터라도 살아가고자 한다.

물을 겁내는 사람은 물에서 멋지게 다이빙도 하고 수영도 기차게 하고 싶은 욕망이 있으므로 두려워하지. 아예 물에서 노는 일에 흥미가 없는 이는 물포비아 따위는 없다 라는 말을 두 번이나 썼구나.

배낭을 메고 낯선 이국의 풍물 속에서 이리저리 헤매어 다니고 싶은 욕구가 나에게 없다면, 아니 사실 그것이 이제 겨우 남아있는 꿈이라면….

꿈이므로 나는 비행공포를 가졌지. 그런 일에 흥미를 느끼지 않는다면 이 우스꽝스러울 비행공포는 나에게 아무런 협박도 할 수 없는 것이다.

세상의 이치가 좀 그렇게 되어 있는 것이 많다.

그 누구의 심술일까? 귀한 건 그저 얻어지는 것이 아니리라.

여름이라 어설픈 공포영화를 본다.

납량물 홍수가 났다.

비는 내리지 않고 습한 우기가 가득하다.

❦ 여행을 떠나다

딸아이와 함께 마닐라 여행을 떠났다.

벼르던 필리핀 행이었다.

비행기공포증을 무릅쓰고라도 가보고 싶은 곳은 아니었다.

단지 남편이 의료봉사단장을 맡아 보름 정도 가 있어야 하니까 잠깐 가보지 않겠느냐고 했고, 사실은 딸아이가 무언가 탈출해보고 싶어 해서 과감히 떠났다.

비행기 여행이 계획되고 나면 나는 또다시 근원적 두려움에 시달린다.

생각을 달리 갖고(죽어도 좋다, 애들은 다 컸다. 보험도 들었다. 이제부터 하릴없이 여기저기 아프고 병들고 어린애처럼 삐치면서 노년을 지낼 궁리밖에 없는데 기회 있을 때 돌아다니자. 여기저기, 저기여기… 여행에서 돌아오면 항상 가슴을 저미던 이방異邦의 언어와 공기와 숲이나 바다, 그리고 거리. 거리들이 그다지도 그립고 거길 다녀온 스스로의 용기가 가상하다 여기며 살자고…).

남편은 이즈음 나를 딸아이에게 자주 떠넘긴다. 물론 해외여행에서야 딸 쪽이 훨씬 유리하다. 그 애가 구사하는 미국식에다 호주식 발음이 교묘히 섞인 영어는 네이티브(원어민) 못잖아 아주 편리하다.

그리고 이제는 성년이 되어 제법 나를 보호하려 한다. 때로는 가르치려고 하기도 한다. 딸아이는 찬찬하고 이지적이나 나는 미숙하고 급하다.

어쨌든 딸아이의 잉글리쉬와 필리핀인들의 펑글리쉬가 서로 통하는 것을 보고 한편으론 나도 콩글리쉬로 버티니까 언어에 전혀 불편함이 없었다.

하지만 남편이 인터넷으로 예약을 해둔 별 네 개짜리 호텔은 마닐라의 변두리 지역이었다. 호텔 자체는 쓸만했으나 호텔을 벗어나면 남루한 옷을 입고 앙상하게 마르고 다 닳아빠진 신발을 신고 도대체 어디서 무얼 먹고 살아가는지 알 수 없는 사람들이 군데군데 서거나 앉아서 집요하게 우리를 쳐다보는 것이다.

같은 동양인이고 새로울 것도 없는 관광객일 텐데 그렇게 물끄러미 쳐다보았다. 심지어 거리를 배회하고 다니는 건달들은 거리낌없이 위아래로 훑어보며 추파를 던지기도 했다.

거리는 좁고 도로는 엉망이었다.

일차선도 이차선도 없는 거리를 괴상한 지프를 개조한 버스가 굴러다니고 사람들은 아무데서나 달리는 지프에 올라타곤 했다(이거 2차대전 때 일본군 아니면 반대로 미군이 쓰던 차 아닌가 싶다).

뿐인가…. 낡은 포장을 두르고 관광객을 태운 마차가 그 사이를 누비고 고물 택시가 그 사이를 요리조리 빠져나간다. 게다가 인력거까지….

서로서로 경적을 울려대는데 시도 때도 없이 경적을 울리는데 적어도 원 타임에 세 번 이상 울려댔다. 기사가 무엇 땜에 화가 났나 하면 그렇지도 않다. 경적만 울려댈 뿐 무표정이다.

중늙은이가 모는 자동차를 호텔로부터 배정받아(그러니까 구조적으로 관례화된 삐끼들로부터) 탔는데 운전사가 쓰는 영어는 참으로 괴상했다. 그는 쭉쭉 찢어 제껴지는 듯한 발음으로 마닐라 관광을 제의했지만 정중히 거절했다.

자동차도 너무 낡았으며 운전사도 우리로 보자면 복장이 거지같아서 마음이 내키지 않은 것. 그가 매달고 다니는 아주 작은 완구(러닝셔츠)에 이렇게 쓰여 있었다.

my car is small!
But what a hell!
It's luning!

가방을 들어다준 서비스 맨에게 유니가 10페소를 주었다. 문을 닫고 나가는 그의 등이 썰렁해서 돈의 가치를 좀 따져 보았더니 400원 정도인가? 기분이 나쁠 만하다. 실수다.

메마르고, 덥고, 황막하고, 아름답지도, 곱지도 않고 그 어디에 희망이라는 덧없는 꿈을 꾸고 있을 아이 하나 없을 것 같은 거리에 도대체 살아갈 이유가 없는 것처럼 보이는 사람들이 거기에 있었다.

죽고 싶던 얼굴이더냐고? 천만에. 살려는 열망으로 메마른 얼굴뼈가 튀어나오도록 진지했다.

그들을 바라보며 역설적으로 '이멜다'라는 여인이 떠올랐다. 수천 켤레의 구두와 함께.

팜트리가 우거진 곳에 인색하게 길을 튼 공원이 내려다보였다.

그리고 저 멀리 만灣이 기다랗게 도시를 두르고 있다.

어제는 잿빛이더니 오늘은 푸르다.

소파 위에 웅크려 무릎에 턱을 얹고, 잠시 앉아 있었다.

그 만을 바라보다 필리핀의 진주, 혹은 에메랄드, 사파이어와 다이아몬드를 누가 다 지니고 있을까라는 실없는 의문이 생겼다.

이곳 어딘 가에도 정체를 감춘 지독한 부자들이 있을 것이다.

이멜다의 구두는 마르코스를 축출했을 때 사람들 사이에 회자되었는데 그때 나는 그만큼의 구두는 있을 수 있다고 생각했다.

어느 장소에선가 그렇게 의견을 말했더니 방사능이라는 별명을 가진 남자 동료가,

"누가 이멜다 닮지 않았달까봐… 저러네. 김 선생 말이야. 자기 정말 이멜다 닮았어. 특히 옆 프로필이 그래…."

사람들이 맞다고 맞장구치고 나왔다.

탐욕적이라는 말이었던지?

그날 나는 말이 끄는 소위 관광용 마차를 타고 시내를 한 바퀴 돌아 젊은 소년 마부가 이곳저곳 안내를 해주고, 늙어 이빨이 하나도 없이 웃기만 하는 그의 늙은 아비까지 동승했는데 50페소에 오케이라더니 거리 한가운데서 안면을 싹 바꾸며 150페소를 내란다.

딸아이가 미국식 영어로 좌르르르 쏟아부어대도 그는 오로지 피프띤 헌드레드, 노노노 피프띤 헌드레드, 마이 파아더… 노 해브 런치…. 그리고 말 먹이도 사주어야 하고 사진도 찍어 주었다며 그렇게 엄청나게 뒤집어 씌웠다.

평소엔 순한 딸아이가 이건 옳지 않다고 바락바락(제 딴엔) 소리를 질렀다.

마부 : 오케이 세븐헌드레드.

유니 : 노! 핍티.

마부 : 씩스!

유니 : 노오오오.

나 : 그냥 줘라 줘….

마부의 아버지는 불쌍하고 선량한 체 하며 자기 아들이 사기 치는 것을 바라다보고 있었다(진짜 아버지가 아닌지도 모르겠다).

"그냥 줘라, 줘라" 하는 나를 보고 딸아이가 화를 냈다.

그 애는 그것이 옳지 않으므로 불쌍하니까, 혹은 선심으로 싸우지 말고 뭐 그럭저럭 넘어가자는 말이 싫다고 했다.

돈 몇 푼에 목숨이 걸려 있는 듯 그들은 그렇게 우리를 조금 긁어먹었다.

이럴 때 쓰는 영어가 'What a ripup!'이라더라.

이멜다의 허영덩어리 육신, 잘 오른 살집.

인간의 부귀와 영화가 이제 저 늙어가는 비대한 탐욕덩어리 속에서 악착같이 빛나보려고 한다.

내가 뚱뚱해지면서 아마도 그녀와 비슷한 이미지가 그려진 모양인데 그 점을 곰곰이 생각해보고 그녀의 오래되어 질기게 육화된 인간의 욕망을 발견할 수 있게 된 점을 오히려 감사하겠다.

❦ 비만, 공포, 개종改宗

◆비만

멋지게 보이고 싶어서 살을 빼는 것이 아니라, 불편해서 살을 빼야 한다.

옷 품을 늘이고 사이즈를 한 뼘씩이나 늘려 사는 일도 쉬운 노릇이 아닐뿐더러 내 인생의 사는 재미 하나가 사라져버린 점에서도 그렇다.

누가 무어래도 잘 맞는 옷을 갖추어 입을 줄 아는 것은 자신에 대한 자신감을 주는 일이기 때문이다.

"사이즈가 없는데요…."

이 말은 내로라하는 디자이너 숍에서 가차 없이 듣게 되는 말이다.

그들은 사이즈 작은 옷만 만든다는 무슨 이상한 자부심이 있다나 뭐라나.

비판하지 말라. 마루에 누워 하염없이 천장을 쳐다보다가 문득 아니야! 나는 스스로 비판할 필요가 없어. 이만하면 나는 정말로 열심히 산 것이야! 라고 말하고, 쓰고 싶었다.

오른쪽 뺨 위에 심심찮게 자라던 거무스레한 이물을 제거하러 ○○피부과에 갔다. 최신식의 치료를 받았더니 역시나 돈이 들어가니 호전되었다.

대학 시절 민수와의 연애가 끝나갈 무렵 얼굴에 온통 여드름이 나서 흉하게 번졌는데 민수의 대학원 졸업식에 왔던 그의 가족들이 어느 틈에 나를 보고 '인물이 예쁘긴 뭐가 예쁘냐? 저쪽에 졸업가운을 입은 청주 아이가 훨씬 낫다'라고 말했다고 민수가 나에게 친절하게 전했었다.

여드름을 가리느라고 필사적으로 머플러로 얼굴을 두르고 아랍 여자처럼 거의 눈만 보였었는데….

지금 생각하니 민수가 나를 떠날 이유가 너무나 충분했다. 자기보다 다섯 살이나 작은 어린 여자 아이가 예뻐서 사랑에 빠졌는데 이 년쯤 되어 가니까 상황이 자꾸 바뀐 것이다.

모래네 산동네에 사는 가난한 처녀 아이까지는 겨우 참았는데 예쁘던 얼굴마저 여드름으로 괴상하게 변해버렸으니 그가 빠져있던 2년간의 사랑도, 집안 식구들의 압력 때문만이 아니라 그 자신이 스스로 헤어지고 싶었으리라.

나는 단 한 번의 연애에 실패했으며 지금도 그것은 상흔을 지니고 때때로 깊은 자멸감을 준다.

피부과에서 돌아오는 길.

빨긋빨긋해진 얼굴을 가리려고 모자를 눌러쓰고 선글라스로 눈을 가린다.

이 정도 일로 자기 멸시에 빠진다는 사실을 이해 못하는 사람은 어차피 나와 친구가 될 수 없으니까.

후배 동료 성애 같으면 "그라문요, 그라문요…. 속상하지예…. 속상하고 말고요…" 할 것이고 나와 띠가 같고, 생일이 같고, 혈액형이 같은 12살 아래 명희는 "아유, 선생님. 그리도 얼마나 아름다우신데요…. 전혀 그렇지 않아요. 아이들이 미래의 자기 모습들이 선생님 같으면 좋겠다고 하는데요. 아유우~ 욕심 부리지 마세요" 그랬다.

나는 그들을 통해서 자비慈悲로움이 실제로 있는 것임을 알았다.

참 좋은 사람들이다.

쓰다보니 흔한 말로 이 여자가 공주병이군, 하는 말을 들을지도 모르겠다. 공주병은 우습다. 불치의 병이라고도 한다. 그러나 시녀병이나 무수리병에 걸려 허구한 날 남을 우러러 보아야 하고 뒤치다꺼리나 해야 하는 것보단 낫다.

자정되기 오 분 전.

아무도 없는 집에서 아무 일에도 전념하지 못하며 이틀을 죽여나갔다.

필리핀 오지에서 의료 활동도 해 주고 변소간도 지어 주고 그런 활동을 지도한다는 남편은 자유로운 새처럼 좋아 죽을 것이다.

전화 목소리가 활기차다. 내가 그의 사슬임을 부인하지 않겠다.

마닐라에서 돌아온 지, 겨우 사흘하고 반나절. 남편은 아직 거기에 머물고 있다. 하릴없이 집에 들어앉아 있는 일이 얼마나 무서운가.

책이나 읽으라고?

돋보기 쓰고 앉으면 길어야 20분이다. 어지럽거니와 글자 자체도 흐려져 보인다. 책을 읽는 취향도 변해버렸다.

도통 로맨스나 활극이 관심이 없어지고 오직 치유와 의학적 이해를 돕는 책만 찾아 읽으려 든다.

일본의 의사들이 발간한 몇 가지 책들은 숙독 도서목록에 낀다.

『뇌내혁명』, 『초수면법』, 『우울증은 치료된다 — 와타나베 쇼스케』

약물 관련 모든 보고서는 질리지도 않고 읽는다.

독서의 절름발이가 되고 보니 글이 나올 리 없다.

손 떨림이 항우울제의 부작용 중 하나라는 점이 분명한 모양이다. 입에서 나는 화학약품 냄새도. 대책 없이 불어나는 체중 때문에 지방간, 즉 bright liver가 되었다 한다. 초음파 상에 희게 빛나는 간이라고 해서 bright liver라 한다.

◆공포

딸아이 아침에 출근할 때, 일어나 보지도 못했다.

잠이 많아서가 아니라 약물 복용 후의 아침은 그렇게 영혼이 눈을 뜨기 싫어하는 모양이다.

아침이면 '나 이러다 죽으면 어떡하나' 하루도 빠지지 않고 공포감을 느낀다.

내 두개골에 금이 나갔든지…, 유전자가 좀 뒤틀렸든지….

아무튼 누가 뭐래도 내 책임이 아닌 어떤 결손이 있다.

그런 생각을 왜 하느냐고?

아무리 바보 천치라도 이런 괴로움을 사서 하는 사람이 있겠는가.

그리하여 어떤 사람들은 신神내림을 한다더라.

◆개종改宗에의 회의懷疑

기회만 있다면 이 떠밀려 가는 개신교를 가톨릭으로 바꾸겠다고 생각해 왔다. 교회들이 기름져 가는 것을 보면 더욱 그랬다. 엄청난 빌딩에서 수없이 나오고 들어가는 신도들의 자동차를 보면 더 그렇다.

젊은 아이들이 가스펠을 드럼까지 치며 불러댈 때 그렇다.

목사님이 십일조와 건축헌금을 자꾸 강조할 때 그렇다.

칼비니즘의 서릿발 같은 설교를 들을 때도 그렇다.

천당을 갔다 왔다는 사람의 간증을 들을 때 그렇다.

어쨌든.

때로 산사山寺에 가서 그윽이 앉았다 오고 싶을 때면 그렇다.

연옥煉獄이라는 말도 안 되는 자비로움(?)의 개념을 대할 때 그렇다.

돈 까미로라는 신부神父의 유머를 읽었을 때 그렇다.

헌데, 이번에 마닐라를 찾아가 본 성聖 어거스틴 대성당을 본 후 개종하려던 마음이 주춤했다.

동양에서 제일 크다던가? 한 성당은 내부 수리 중이었는데 들어가는데 입장료를 받았다.

컴컴한 성당 현관 안에서 몇 가지 기념품을 팔고 있었는데 살아나가는 일이 하도 분하고 화가 나서 입을 꾹 다물어 버린 듯한 중년 여인이 무얼 하나 사고 싶다니까 느릿느릿 움직여 열쇠를 꺼내고 그 많은 열쇠 중에서 내가 가리키는 자주색 구슬묵주가 있는 열쇠를 이리저리 한참을 찾아서 유리 상자를 열고 물건을 꺼냈다.

진열대 속에는 자그마한 성상, 예수의 고상苦像, 흰빛 사기로 만든 성모상 등이 진열되어 있었는데, 그 중에서 나무로 만든 십자가가 마음에 들어 그것을 사고 싶었으나 그것을 사겠다고 말하면 저 입을 꾹 다문 여인이 또 얼마나 귀찮아할까, 또 다시 열쇠를 찾느라 성질 급한 사람 숨넘어가게 할 것이고 정말로 화를 낼지도 모르겠다 싶어 단념했다.

그러나 지금 생각하니, 그때 보았던 그 조그만 나무십자가는 꼭 사올 것을 후회가 된다. 왜냐하면, 그 이후에 내가 본 수많은 십자가들엔 피를 흘리는 예수의 모습이 매달려 있어 너무나 절망적이어서 만지고 싶지 않았기 때문이다.

가혹하게 묘사된 예수…. 이천 년 동안이나… 매달려 있다니….

질박한 나무십자가를 목에 걸고 내 영혼이 아플 때마다 가만히 꺼내어 홀로 고요히 묵상하고 거기 입 맞추고 싶었는데.

어거스틴 성당 내부에는 각종 종교적 의미가 있는 유물들이 전시되어 있었는데, 순황금의 잔盞과 그릇들…. 교회의 권위를 상징하려 했는지 엄청나게 많은 서랍과 쇠고리가 달린 무겁고 어둡게 빛나는 오크나무 옷장(책장?), 이미 다 자란 소년 왕, 금관을 쓰고 세속의 왕자처럼 꾸민 예수, 그리고 성모, 피눈물을 흘리는 성모상 등은 중세의 거무죽죽한 종교의 권위를 보여주려 한 모양인데 좀 괴기했다.

아주 오랜 세월동안 내 머리를 세뇌시킨 개신교도의 안티 아이돌리즘, 그것이 뇌리에 박혀 그랬겠지만 그 모든 성물들은 나에게 거부감을 주었다.

아니다. 그것은 오히려 민중의 투박한 신앙심의 결정체들인지도 모른다. 무엇인가 손에 들고, 쥐고, 바라다보고, 입 맞추고 나서야 마음이 흡족한 민중들의 요구의 결정체인지도 모른다.

'절에나 들어가서 머리나 팍 깎고…' 가끔 내가 써대는 말이다.

정말이지 해골이 복잡할 때는 꼭 그 말이 나온다.

허나 막상 절에 가봐라. 금빛으로 색칠하고 립스틱까지 바른 것 같은 부처상을 바라보면 가슴이 꽉 막힌다. 거기에서 피우는 향냄새에 질린다.

그러니 천상 어디 중이 되겠는가?

나 : 에구, 사는 게 뭔지…. 머리나 팍 깎고 절에나 들어가면 좋겠네!

남편 : 안 돼요. 당신은 하나님의 손녀딸이오.

그런다. 농담 반 진담 반으로.

XX먹을! 돋보기를 끼고 십 분만 앉아 무얼 하려 해도 눈알이 돈다. 콧등을 플라스틱에 찢기고 쓰라림에 화가 난다.

❦ 언니

"푸가만 치고 프렐류드는 안 치겠어요."

삼십 년도 더 전에 바로 손위 언니가 대학에서 오르간을 전공할 때 제멋대로였다는 과科친구가 지도 교수에게 툭 던졌다는 말이다.

오르간 곡은 대게 바흐의 것인데 그 곡의 조직이 푸가와 프렐류드로 나뉘어 있긴 하지만, 푸가만 치고 프렐류드는 안 쳐도 되는 것이 아니었을 것이다. 중간고사 학점을 받으려면….

“다리가 길고 키가 커서 오르간의 폴 패달을 맨 아래 음까지 발끝을 쭉 뻗어 연주하기에 아주 좋은 신체적 조건을 가지고 있는 친구였어. 누군가 다른 오동통한 사람이 그렇게 말을 던지고 오르간 위에 올라가 짤막한 다리로 궁둥이가 의자에서 미끄러져 내릴 만큼 불편한 모습으로 푸가만 치겠어요 라고 했다면 참 초라해 보였을 것인데 그 애는 아주 당당했어. 그 당당함에 질투를 느꼈지.”

자기 자신이 키가 작고 손도 작아서 한 옥타브를 짚어 빠르게 연주하는 곡일 때는 정말이지 새끼손가락과 엄지손가락 사이를 수술로 찢고 싶다던 손위의 두 살 터울 언니.

평생 처음 연애에 빠져 시집을 가더니 평생을 크고 작은 괴로움이 끊이지 않는 모양인데 “맘먹기 달렸지. 뭐, 사는 게 다 그렇지…. 난 걱정할 거 없다고 봐”라는 단호한 낙천주의자로 살아간다.

한 번은 척추뼈가 부러지는 자동차 사고를 당했고, 이즈음에는 남편이 천식으로 위태롭게 생겨서 병상을 돌보게 되었는데,

“걱정하면 뭐 하냐, 천년만년 살 것도 아니고… 별 일 있겠냐?”

나를 오히려 위로하려 든다.

“잠은 좀 자냐? 약은 끊어야 되는 거 아니냐? 뭘 그렇게 천년만년 살려고 걱정이냐? 걱정도 팔자다. 너는….”

젖배를 골아서 키도 작고 부실하고 약하다고 어머니가 늘 편애했던 언니다.

그 뒤를 이어 내가 태어나고 나서 아버지가 은행에서 봉급을 타

기 시작했고 어머니도 은행장 집의 찬모로 일하게 되어 일테면 가세가 피기 시작했다는 것인데 쌀도 가마니로 들여 놓고, 과일이라는 것도 맛보게 되었고 또 아기인 내가 참 예뻐서 동네 사람들이 예쁜 아기 좀 보자고 들락날락 했더라지.

나는 어머니의 쪼그라든 젖을 다섯 살까지 물고 있었다. 가족들은 나를 찌비(일본에서 살다왔으니 아마 일본어로 쪼그만 거라는 뜻일 거다)라고 불렀다. 어머니는 우리 찌비라고 불렀다. 그 뜻이 정확하게 무엇인지 잘은 모른다.

어쨌든 나는 언니들보다 키가 더 크고 힘도 세고 야망이 큰 아이로 자라기 시작했다.

아주 어려운 형편인지라 교수 레슨 한 번 받지 않고 일류대학 음대에 합격한 언니는 열심히, 아주 열심히 공부했으나 한 학기 학비만 만들어 줄 수 있었던 가정 형편이 그녀에게 지치고 처량한 대학생활을 겨우 유지하게 했다.

그러나 어쨌든 언니는 자기가 원했던 길을 가기 위한 훌륭한 자질을 갖고 있고 일류대에서 공부를 했음에도 불구하고 가장 평범하고 수수하게 인생을 살아나갔다. 구체적으로 말할 수는 없지만 지나치게 현실적이기도 하고, 비약과 도약을 믿지 않기도 했다. 땅에다 두 발을 꼭 붙이고 절대로 날개 없이 날아오르려는 허황된 꿈 따위는 꾸지 않았다.

언니와 둘이서 손을 꼭 붙잡고 다니던 소녀 시절엔 언니가 아무도 모르는 큰 야망을 품고 있었음을 안다. 지금 자기 자신은 모를지는 몰라도 나는 문득문득 언니가 진정으로 살고 싶은 삶은 이것이 아니라는 것은 안다.

하루에 다섯 시간 이상을 지하실에 내려와 모차르트를 치는 여자, 바흐를 가장 잘 이해하는 여자, 지금에도 대학원에서 오르간을 전공하고 싶어 하는 여자, 그야말로 음악을 가장 사랑하는 여자, 동네 성당의 지휘자로 봉사하는 여자가 그 언니다.

어릴 때를 기억하건데 둘이서 방바닥에 누워 천장을 바라보며 누가 꼭 짚어 가르치지 않았어도 아름다운 노래들을 듀엣으로 부르곤 했다. 더 이상 아름다운 노래는 이 세상에 없다.

가난한 어린 자매 둘이 시시때때로 소프라노, 알토 나누어서 노래를 부르다 우리들 스스로 그 아름다움에 놀라서 이렇게나? 하고 마주보고 웃음을 터뜨리곤 했다.

그렇다. 그때 우리는 기쁨의 웃음을 터트렸다.

삶이 아름다워서, 우리가 꾸고 있는 꿈이 아름다워서.

언니는 노래가 끝나고 나면 반드시 눈물이 볼을 타고 흘러내렸다. 사람들은 언니가 너무나 감수성이 예민하고 음악성이 풍부하다고 했다. 그런데 나는 눈물이 나오지 않았다.

고운 목소리는 지녔으나 노래하면서 감동을 받아 눈물이 나지는 않았다. 그래서 나는 언니가 나보다 더 고수高手라고 인정했고 사람들도 언니를 더 프로페셔널하게 인정했다. 그래서 언니는 음악의 길을 갔고 나는 음악의 곁을 서서히 떠났다.

어느 날, 무슨 행사에서 둘이서 이중창을 하고 난 뒤 나는 물었다.

나 : 언니야, 니는 노래 부르면 그리 슬프나? 슬퍼서 우나?

언니 : 아니야. 슬퍼서가 아니고 이상하게 입을 벌리면 눈물이 나와.

나 : ???

◆**일용할 양식**

아침 : 구운 식빵 두 조각, 포도잼과 호박잼을 바르고 거기에 숙성한 바나나 반쪽.
아주 두툼해진 식빵과 저지방 우유 한 잔.
사과 반쪽, 흐리게 탄 커피 한 잔.

점심 : 잡다한 잡식 반찬과 한 공기 반의 밥.
하루에 여섯 병쯤의 생수.
간식은 거의 하지 않고.

저녁밥 : 불가항력적 식욕(도무지 잠이 오지 않으므로 오랫동안 깨어 있으려니 배가 고프다).
과일 몇 조각, 밥 한 공기, 때로 누룽지, 떡, 그리고 달콤한 몇 가지 종류의 간식을 처음엔 하나만, 둘만 에에잇 셋만…. 그리고 나머지 다.

일용할 양식이 아니라 과다한 탐식이다.

검은 빵 반 덩이, 차 한 잔, 치즈 한 조각, 뒷밭에서 익은 토마토 한 알. 나무십자가에 잠깐 입 맞추고 검소한 식탁에 앉는다.

이런 것이 이즈음 나의 소망이다.

하루에 한 줄이라도 라고 생각하며 쓰기 시작했는데 자꾸 무의미하게 문장을 늘리곤 한다.

문학과는 상관없이 글을 쓰기로 했으니까, 일상의 편리들로 족한데….

윤세가 아주 지겹다며 전화를 했다. 지 말로 군대 체질이라더니 이제야 그게 아니라는 점을 느끼다니. 국방부 시계야 빨리 가라. 그리고 이 공정치 못한 국방의 의무가 필요 없도록 나라에 평화가 오기를.

경의선이 복원되겠는가? 기차 타고 블라디보스토크Vladivostok까지 갈 수 있겠는가.

◆ **흥미 있는 한 구절**

로렌스 올리비에가 리차드 버튼에게 "만인의 배우가 되든지 한 사람의 개가 되든지…"라는 비난의 편지를 보낸 것으로 되어 있다. 날카로운 채찍이다. 아침에 읽은 구절이다. 엘리자베스 테일러에게 메인 버튼을 내려친 거다.

남편이 쓰레기봉투를 들고 문을 열고 나가는 소리가 들린다.

시키지도 않았는데 마루에 등 구부리고 누웠다가 갑자기 쓰레기를 버리러 나간다.

그는 어떤 사람인가(?). 정말로 성실한 사람인가? 아니면 본능적으로 자기 할 일을 해야 살아갈 수 있다는 철저한 현실주의자인가?

오늘 밤도 비가 바람에 스치운다(?).

천둥 치고 번개 치고.

어제 오비 베어즈의 콘도에 가서 하룻밤을 묵고 아침에 9홀짜리 골프코스를 돌았다. 드라이버가 좀 맞기 시작하면서 비록 스키장을 개조해 만든 9홀짜리 골프를 치는 것도 조그만 낙이 되었다.

남편이 모는 카터를 타고 산을 빙빙 돌아다니면 바람이 얼마나 시원한지 모른다.

하지만 오늘은 아이언이 통 맞지 않았다.

마음이 산란해서인지….

딸아이가 아픈 와중에도 예정된 레저를 즐기는가 하는 곤혹감이 있어서인가?

다행이 열도 좀 덜하다기에 콘도 예약에 맞춰 떠났는데 오래된 콘도는 정말 낡았다. 벽난로도 있고 테라스도 있고 커다란 전나무 숲에 싸여 있어 처음엔 고급의 휴식을 즐길 수 있었겠다 싶었는데. 하긴 처음엔 아름다웠겠다. 모든 것이 그렇듯이….

'내 이름을 인디언식으로 불러줘. 바람처럼 달려가'라고.

내 영혼이 금갔다는 일에 진저리나게 집착.

그리고 또 참을 수 없는 의욕상실.

한 자라도 두드릴 수 있는 날은 그나마 살아 있는 느낌이다.

눈은 어둡고 이는 시리다.

손은 떨리고 무릎이 아프다.

남아있는 나날들, 그 날들 중에서 나는 제발 고요히 사그라지는 불꽃처럼 되었으면…, 감사히 생애를 마감할 수 있는 지혜를 배웠으면.

'웨딩춰치'라는 제목으로 알 수 없는 글을 쓰기 시작했다. 그것에 대하여 아무 계획도 없지만 아무튼 기약 없고 방향 없이 길 떠나는 일처럼 문득 쓰기 시작했다.

아무래도 내 속에 그 무엇이 담아내고 싶은 무언가가 있는 것이다. 문학적 작업은 절대로 아니고, 사생활의 고백도 아닌 단지 길 잃은 내 영혼이 길 찾아보려고 일어서는 나에게 인생은 무거운 짐이다.

하기 싫으나 해야만 하는 일…이라고 수첩에 썼다.

사람들과의 인사치레, 뭐 그런 것들.

내 잠을 침해하지 않으려고 전화도 삼가는 언니에게 메일이라도 한 줄 보내야겠다.

❦ 누사의 강변이 그립다

한 번은 다시 찾아가고픈 강江.

사실은 누사가 아니고 넘지 리버인데. 넘지의 강변에 앉아 이유 없는 시름에 잠겨 울었던 일을 생각하면 누사의 강…이라고 쓰고 싶은 것이다.

커다란 해파리들이 둥둥 떠 있기도 하고 때로는 하얗게 파도가 뒤집히기기도 하던 그곳에서 남편은 가짜 미끼를 단 낚싯줄을 멀리 멀리 자꾸 던졌다.

하늘엔 비행기가 떠올라 구름 속으로 사라지고.

비행기가 날고 있는 걸 보면 내 가슴속에 일렁이는 공포감이 멀미를 일으키듯 흔들렸다.

·알 수 없는 두려움이다. 단순한 고소포비아가 아니다.

높은 산꼭대기도 얼마든지 올라갈 수 있고 66층에서 아래쪽도 얼마든지 내려다 볼 수 있다. 그러니 고소공포만은 아니지 않은가.

이상하게도 우울증과 고소공포와 조울증과 대인관계공포, 혹은 거식증까지 거의 같은 약물처방이 내려진다는 것이다.

이상하더라도 할 수 없지.

약을 타러가서 내가 의사 앞에서 조금 비굴하게 굴게 되는 이유를 깊게 따져보고 싶지 않듯이.

가을에서 겨울로

가을비

오늘도 가을비가 내렸다. 내 마음 같으면 비가 우르르 내리면 좋겠다. 모두들 청춘 시절이 휘황하다 하는데. 아무리 고쳐 생각해도 나의 젊은 날은 도무지 지혜롭지 못했다. 아무리 고쳐 고쳐 생각해도 그렇다. 남루하고 허망하다.

가죽부츠를 신고 긴 외투를 입고 머플러 두르고 쨍하게 추운 겨울거리를 걸어가고 싶다.

한 번은 골드 코스트 쇼핑몰에서 그러고 있는 나를 아랍여자들이 자기네 종족인가 하고 여러 명이 똑같이 나를 주시하고 있었다.

남편이 '당신도 아랍여자로 아는가벼….'

발밑에는 때늦은 낙엽이 쓰러져 있고 시선을 땅에 둔 채 묵묵히 어디로 걸어가고 싶다.

오후에 문득 약봉지를 털어 넣고 물을 마셨다.

이즈음 낮에는 잘 견디고 밤에 초록색 항우울제 한 알을 얹어 복용했더니 그 편이 견디기 나아서 의사의 지시 없이 약 복용 형태를 바꾸어 보았다.

정말로 나는 나의 만년이 약물의존으로 지속될 줄은 꿈에도 생각 못했다. 예리한 두개골 속의 작고 예리한 신경의 가닥 하나만 슬쩍 끊어 놓으면 누구보다 편한 평화주의자가 될 수도 있으련만.

윤세에게 두 번째 편지를 썼다.

아이들의 인생에 간섭하지 말아야지.

싫다는 걸 뭘 억지로 보살피겠다고.

날아가 버렸다고 생각했던 기록 일부가 다른 방에 저장되어 있었다. 우리의 두개골 속도 잊어버렸다고 생각한 기억들을 차근차근 채우고 있는 방房이 있겠지.

어느 컴컴한 구석방에 들어 앉아 있다가 문득 문을 열고 나서는 지난날의 기억, 그 편린片鱗. 그 한 조각에 날카롭게 베인다.

스스로 생각하면 상당히 기이한 인간의 생일.

생일 선물로 가족들에게 거금의 선물을 강탈(?)했다고 하니까.

누구 왈 : 그렇다면 선생님은 생일이 아니고 성탄聖誕일이네요.

저녁에 낯익은 두통, 오래된 나쁜 벗, 심술궂고 질기고….

약으로 인한 두통, 두통으로 인한 약.

한 올의 머리카락의 흐트러짐도 견디지 못하는 여자의 이야기를 읽었다.

새로 부임한 프린시펄(교장)이 누굴 닮았다 싶었는데 오늘 다시 생각해 보았더니 에이브러험 링컨을 닮았더라고.

새파란 쪽빛 바다색 옷을 입다.

곧 겨울이 오고 가죽부츠와 기다란 모직스커트. 큼직한 외투를 입고 이 산란하나 의미심장한 나날을 살아가야지.

9일 후.

가죽부츠는 아직…, 모직스커트도 역시.

외투도 아직인 늦가을. 잠깐씩 후끈 덥기도 하고.

하와이에 갔다가 산 아름다운 꽃무늬가 그려져 있는 차이나 풍의 원피스를 입었다. 입기에 편하고 염색도 아름답다.

자신의 몸을 사랑하라고 쓰인 글을 어디서 보았던지 상당히 공감한다. 우리들 중 일부는 자신의 욕구, 혹은 감정을 죄로 느낄 때가 있을 것이다. 우선 나 자신의 깊이 잠긴 죄의식들은 어디에서 연유한 건지 모르는 채로 괴로울 때가 있으니까.

수억 지구인들 중 나와 비슷한 센서를 가지고 있는 사람이 어디 나 혼자랴? 그들을 위로하고 싶다.

얼마 전 365마트에 장을 보러갔다가 잠깐 눈에 뜨인 중년 남자의 신경질적이고 괴팍하게 보일 정도로 긴장되어 있는 깨끗이 면도한 턱을 쳐다보다가 시선이 마주치고 말았다. 가슴이 두근거렸다.

입을 꾹 다물고, 중년만이 지닐 수 있는 그런 모습으로 늙어가는 남자였는데 이즈음 가끔 그가 떠오른다. 도대체 내 속의 무슨 사연인지 나도 모른다.

돌연 만나져서 서로 아무 정보도 없는 채 열렬히 사랑에 빠져 딱 하루 아주 먼 곳으로 도망가 온 생애를 다하듯 사랑하고 그리고 헤어져 제 갈 길을 가는 그런 이야기.

딱 하루를.

절대로 더 이상 미적거리지 않아야 한다.

목이 쉬어 메마른 기침.

약물이 남용되고 있는데 대한 심한 자멸감.

밤마다 자살이라도 하는 듯 비장하게 알약들을 마구 주워 삼킨다.

그리고 목소리가 쉬어 오래 되었고, 밤에 목에서 핏물이 나왔다.

죽음이 두려워 괴롭고 이렇게 사는 삶에도 진저리가 난다.

뱃속에 둥그런 무엇이 움틀한다고 느꼈다.

잘라버린 자궁 끄트머리에라도 아기가 들어서지나 않나 하는 황당한 생각을 했다.

Nobody's fool '노스바스의 추억'이라고 의역되어 방영했던 폴 뉴먼의 영화가 케이블에서 소개되고 있다. 말년의 폴은 아주 보기 좋게 늙어 있다.

폴 뉴먼 그리고 푸르게 맴도립 치는 깊은 눈빛…. 나를 기차에 태워 보내며 C가 올려다보던 눈길.

가슴이 미어지듯 헤어지는 바로 그 순간에 가슴이 탁 막히던 그리움…. 헤어져 돌아선 순간부터 그리워했다.

외로움에 잠깐 눈물이 솟다가 약물로 말라버린다.

속에 이는 과거의 잠재적 죄의식들을 드러내어 놓아 햇빛에 내장 말리듯 말리면 이 황당한 신경증은 치유가 되는가?

더 적게 먹고 나름대로 더 많이 움직였건만 이렇다는 것은 아무래도 약물 때문이다.

이 약이 나에게 공헌한 점을 부인할 수는 없다.

하지만!

남아있는 여생을 감사하게 기쁨으로 살아가다가 고이 잠자듯이 하늘나라로 가게 해달라고 주主기도 했다.

교회가 만들어낸 주가 아닌 참진리의 주를 찾아 헤맨다.

남편은 누구 결혼식에, 유니는 호주학교 선배, 경찰서 사건 담당 기자가 되어 있는 현영을 만나러 갔다.

옷장을 이리저리 치우다가 구겨져 처박혀 있는 별 쓸모없는 옷들이 장난이 아니다 싶었다. 이런 싸구려 취미에서 벗어나 구질구질 사지 말아야겠다.

❦ 다음다음 날 밤

그렇게 결심했음에도 불구하고 오늘 폴라셔츠를 샀다. 잔뜩 익어버린 단풍처럼, 갓 볶아낸 알커피 색깔이 지나가는 내 발목을 잡아 눌렀으므로.

가을이니까. 조그만 사치에 스스로 미안해하지 말자.

남편과 함께 할리우드 영화 한 편을 보았다.

브루스 윌리스와 미셸 파이퍼 주연 'Story of us'

결혼의 적나라함과 사랑이라는 이름의 결혼이 세월 따라 어떻게 변해버리는가라는 스토리.

배우들이 멋있으니 그들의 권태기조차 드라마틱하지. 그것이 우리들의 현실에서라면 이가 갈리게 질릴 일이다. 대부분의 사람들이 그럼에도 불구하고 그냥 살아간다. 왜냐하면 다른 대안이 없으리라는 것을 서서히 깨달으므로.

오래되어 익숙한 부부가 서로 편해져서 약간의 편리를 서로에게 제공하면서 그럭저럭 살아가는 것이다.

서양 애들은 사랑(이라는 이름의 성적 호르몬 분비)하지 않으면 가차 없이 헤어진다는 게 조금 다를 뿐.

그렇지 않다고? 그건 당신이 홀로 사랑에 미쳐있기 때문이거나 아니면 배반도 눈치 못 채는 둔감 때문이다. 서로 사랑하지 않고도 얼마든지 결혼생활은 유지된다고 보지만 사랑이라는 이름의 술은 반드시 깨어나게 된다는 사실을 부인할 수 없다. 그것도 골이 패이고 속이 메슥대는 숙취와 함께 온다. 기다려 보라.

키보드 칠 때 약간의 손 떨림.

하루 종일 메마르고 쓴 쉰 풀 냄새.

만인에 대한 이유 모를 적의.

저 미숙한 여자 아이의 시건방진 태도 좀 보라. 제 딴엔 터프하게 보이고 싶은지 발을 여럿 앉아야 할 맞은편 의자 위에 턱 걸치고 있잖아! 밉지 않겠는가? 젊음이 저런 몰상식은 아니니까.

내 앞자리에 앉은 남자의 머리(대가리)는 왜 이렇게 큰가. 그 옆 여자의 머리는 왜 저리도 기다란가. 화면을 가운데로 툭 잘라버리는 머리통들이 미워서 두런두런 했다.

뒤에 앉은 사람을 배려하지 않고 상체만 기다랗게 뽑아 앉고도 무엇이 틀렸는지 모르는 사람의 머리는 머리가 아니고 대가리다.

영화 한 편 보기가 이렇게 불편하다니.

어린애들을 데리고 나온 젊은 부부만 보면 한심하다.

아내 쪽은 늙지도 젊지도 않은 자기 자신의 모습을 돋보이고 싶으나 뜻대로 안 되고 마침 이제 막 깨닫기 시작한 결혼의 아니꼬움을 눈초리에 살짝 걸친 채 자기가 부리는 짜증을 받아주는 남편이 자기를 사랑하는 건지 아닌지 확신이 없거나 지나치게 낙관하고 있거나.

아이가 공동의 장소에서 생난리를 쳐도 뭔 상관이야? 라는 태도다.

남편들은 모처럼 휴일, 푹 쉬고 싶은데 아내와 아이의 바깥나들이 요구라도 들어주어야 양심이 좀 덜 찔리겠지… 하고서.

힘드네, 어쩌네 해도 남편들은 월요일에 직장에 나가면 영문 모르게도 활기차게 만드는 여러 가지 것들이 자기 것인 줄 알고 있으므로.

그래서 여자의 독립심은 당차고 맹랑하고 보기에 좋다.

남편이 동행해주지 않더라도 모자 푹 눌러 쓰고 혼자 영화도 보고, 책방에서 책도 한 권 사고, 거기 눌러 서서 혹은 주저앉기까지 하면서 이 책 저 책 대충 훑어보지만 말고, 단 딱 한 권 정도는 사면 어떻겠나. 그렇게 훑어보고 한 권도 사지 않는 게 검소이고 요령인가? 작가들은 땅 파서 글 쓰겠나?

수많은 아이들이 백화점 책방에 진을 치고 앉아 이 책 저 책 마구 들춰본다. 그 일에 그 어머니가 일조하고 있는데 이것도 올바른 문화욕구로 보는가?

중년 남자 하나가 뭐라고 소리치더만,

"뭐, 이거 거지들도 아니고 바닥에들 앉아서 뭣들 하는 거야…."

그런 말이었나? 그 남자도 약간 오버하긴 했지만.

아이에게 소중하게 책 한 권을 사주고 흔쾌히 돌아오는 멋쟁이 엄마는 어디 없나.

작은 돋보기 하나를 또 샀다. 테 하나가 마음에 들어 값을 물어보았더니 27만원이란다. 값을 부르는 점원은 겁도 없이 그건 돈도 아니라는 표정이다. 무서운 국민들이다.

눈 깜짝할 새에 그렇게 정신적 인플레이션이 되고 말았다.

한 푼도 벌지 못하는데 써 대기는…!

부자 아니면 이 나라 못살겠다고 죄 없는 남편에게 투덜댔다.

만인에 대한 적의….

늙어갈수록 심하니 이것도 헛됨이리로다. 헛되고 헛되며 또 헛되도다.

– 전도서 –

오늘 하루는 그렇게 갔다.
하나 잊었다. 쉘던 베너컨의 『잔인한 자비』를 샀다.

하릴없이 자정이 다 되었다. 딸아이가 이제야 돌아왔다.
휘황한 청춘의 빛을 뿜으며, 무언가 부모에겐 말하기 쑥스런 그들만의 비밀을 지니고.
샤워하고 폴 뉴먼의 영화 '선택'을 건성으로 본다. 보면 볼수록 강렬한 눈, 꾹 다물어 사나이로 보이기를 원하는 입매가 C와 정말로 닮았다.

❦ 노인이 된다는 것은 사실은 무지 겁나는 일이다

미리미리 포기할 것 포기하고 주변을 될 수 있으면 간단하게 하고 저 노인들이 보여주는 남루한 거죽과 정신은 물려받지 말아야지….
화사한 꽃모자까지 쓴 할머니가 맨발을 백화점 의자 위에 얹어놓고 발가락을 주무르고 있던 모습을 보고 기겁을 했다. 꽃모자를 쓰지 말든지 맨발을 뻔뻔하게 드러내고 주무르질 말든지.
자정 5분 전.
잠은 안 오고 프로작도 이미프라민도 이제는 기력이 쇠진한 듯.
어젯밤 부원들과 함께 비싼 저녁을 먹고 노래방에 가서 미친 듯

놀았다. 드디어 관중들 보는데서 새드살사를 부르며 춤을 추었다. 사람들은 그러한 나에게 쾌락의 여왕 아니겠는가라고 생각하는 눈치다. 남편도 함께였다.

그들은 나의 남편이 얼마나 재미있는 결혼생활을 할까라고 말한다.

우리가 두 사람만 여행을 가도 할 말이 없어 텔레비전만 본다는 사실을 아무도 믿지 못할 것이다. 겉으로야 정열적인 아내와 건장하고 착한 남편이니까.

그런데 문제는 할 말이 없다고 꼭 문제가 되느냐는 점이다. 휴일날 남편이 야구만 본다고 문제가 되느냐는 점이다.

나 : 당신하고는 못 살겠어! 정신적으로 통하지가 않아서 못 살아!

남편 : 괜찮아. 육체적으로만 잘 통하면 돼.

이 정도의 대화도 꽤 오래되었지 아마.

그렇다고 육체적으로 잘 통하느냐…. 그것도 아니다. 나이란 무서운 것이고 노인이 된다는 것은 사실 엄청 겁나는 일이다.

일요일.

내가 교회 공동체를 자꾸 헐뜯고 싶은 것은 정직하게 말하자면 게으름 때문이다. 일요예배에 꾸준히 나갈 수 없는 지독한 게으름 때문인 것이다. 그러니까 가톨릭으로 간다하더라도 뾰족한 수는 없을 것이다.

읽기 시작한 잔인한 자비는 실망이다. 허나 읽는 동안엔 좀 더 하루를 잘 견딜 수 있을 것이다. 강은교 씨의 책을 읽고 한동안 위로 받았던 것처럼.

머리는 빗자루처럼 뻣뻣이 흐트러지고 볼이 늘어진 여자가 치맛자락까지 늘어뜨리고 걷는 것을 보았다. 거울 속 나를 그렇게 언짢게 보는 또 하나의 나는 언제나 스스로에게 지나치게 비우호적이다.

빛이 꺼져버린….
분명히 빛나던 그 빛이 어디로 갔다는 말인가?

어제 너무나 오랜만에 닥터 황 병원에 갔다.
X같은 날이었다. 병원에 들어가자 익숙한 약물 냄새. 달큰하고 띵 하고 피할 수 없는 중독의 냄새를 맡았다. 싫지도 않고 이제는 웬만해서는 평안을 주지도 않는 약물들에 대한 갈망은 여전하다. 정맥으로 작은 병 링거를 맞으면서 잠자라고 안정제를 조금 주사한다. 약물이 어렵게 찾아낸 정맥 속으로 잦아들 때면 그 뻐근한 아픔으로 팔이 찢어지는 것 같지만 어느 날 문득 그 고통과 함께 찾아온 말할 수 없는 순간적 평화…!를 발견했다. 그러니 온갖 중독자들이 왜 약물을 찾아 헤매고 미쳐 가는가를 알겠다. 그러나 이미 내게는 정량의 안정제로는 그 평안을 얻을 수 없게 되었다는 점은 분명하다.
하지만 다른 혹은 더 많은 양으로 처박히는 짓은 하고 싶지 않다. 약물로 재워진 채 갑자기 깨어난 뒤 정신을 제대로 찾지도 못하고 자동차로 돌아와 차를 빼다가 전신주에 쿵 처박았다. 뒤 범퍼가 우그러들었으리라 느끼면서 내 삶의 이러한 편린들은 나 혼자 짊어지고 가야할 등짐일 뿐이라는 사실을 뼈저리게 깨달았다.

집에 돌아와 침대에 구겨져 잠을 자는 동안 서양 사람들이 흔히 이야기하는(죽었다 살아난 사람들이 말하는) 그 흰빛 동굴 입구를 향한 블랙홀을 보았다. 두 번. 나는 그 흰 동굴 끝으로 다가가려고 시도해 보았는데 잠자던 나의 의식이 말하기를,

"아, 아 저건 내 눈알의 끝이로구나. 의식이 끝날 때 사람들은 망막 속에 남는 건 감은 자기 눈알의 잔상이로구나…."

그렇게 생각했다. 이상한 상태였다. 억지로 깨어나니 텅 빈집 내 침대 위에서 반듯이 누워 있었다. 순간 왠지 아쉬운 기분. 그 평안한 동굴 끝으로 갔다면 평안히 삶과 아듀 할 수 있지 않았을까.

왜 영원히 몽롱할 수 없을까!

'몽롱한 것은 장엄하다(천상병)'는데.

책이 재미있지 않으면 읽지 않는다. 누가 뭐라 그래도 소설은 재미있어야 한다. 그런데 이즈음 내가 좋아서 읽은 책들은 스토리가 거의 없다. 거기에 저자의 흔적이 조용히 흐르는 영혼과 육신이 도란거리는 듯한 — 예를 들자면 김지원(그녀의 동생 채원도 싫지 않다), 지금 읽고 있는 혼자 산다는 것의 저자 — 그녀가 살고 있는 쓸쓸한 전원의 집과 흐드러 시드는 정원, 그리고 혼자 꽃씨 뿌리를 자르고, 심고, 우울증에 시달리고, 그럼에도 불구하고 어느 만큼의 명성으로 나들이가 가끔 있는…. 그 생활이 내가 살고 싶은 미래다. 무심코 집어든 책에서 현재의 나에게 꼭 필요한 내용의 글을 발견해서 아껴가며 조금씩 조금씩 읽어가고 있다.

텅 빈 시간에 대한 근심이 사라진 것이다(정말?). 영어를 불편하지 않을 만큼 배워야겠고, 지도를 잘 볼 수 있어야겠고, 무엇보다도 혼자 될 수 있는 용기가 있어야 하고.

◆학교 소풍

아무 데도 안 가고 집에 처박혀 온갖 거칠고 분한 자멸감에 휘둘

리고 있다.

멍청이! 바보에다 해괴한 정신질환자! 혼자 될 수 있도록 하자고? 웃기지 마라. 웃기지 마라. 넌 안 되잖아…. 절대로 안 되잖아…. 다른 이유도 아니고 귀찮아서 가출도 못하잖아…. 혼자 있고 싶다면서 정작 혼자 내버려 두면 삐치고 불안하고 패닉을 일으키잖아….

너 왜 그러니. 정말 유전자 결함이니. 두개골이 비뚤어졌니. 너 노인이야. 적어도 노인이 되어가고 있단 말이야. 이런 상태로 늙어가서 어쩌겠니. 용기를 팍 내던져. 아니면 그냥 절망해버리든지. 머리 빡빡 깎고 라든지. 피정의 집이라든지 사막이라든지…. 그런 데로 가버리든지!

누가 나에게 고요히 입맞춤 할 수 있는 나무십자가 하나 사줘.

프로작 두 알, 안정제 세 알, 항불안제 세 알. 그 외에 이름 모르는 흰빛 알약 두 개.

서서히 자살하는 기분이다. 내일 아침 깨어나지 않아도 좋다.

생물학적 두개골의 불균형을 일으키는 어떤 자그마한 마모, 분쇄. 살짝 금감…. 아니면 살아남게는 했지만 영원히 두개골의 어떤 부분이 함몰 돼 버려서 그 부족분이 이러한 미묘한 이중성을 나타내는 건지….

(모르지만 벗어나고 싶어요. 해피하게만 살아가고 싶어요. 정말이에요).

때로 그럴 수 있을 것 같은 자신감이 왈칵 들 때도 있는데 하루를 넘기기가 힘들다고요. 저 요즈음 약물의존 치료를 받고 싶어요. 한국 말고(편견이 심하고 무지하니까) 호주나 뉴질랜드 어디 아늑한 전문병원에서요, 약물중독으로 죽고 싶진 않아요.

아니에요. 편안한 죽음일 지도 몰라요. 내 아이들이 무척 슬퍼하겠지만요. 세월이 가면 잊혀질 거예요. 그래도 그들에겐 빛나는 인생이 있으니까요.

남편은 잘 살아갈 거예요. 왜냐하면 그는 혼자도 아주 잘 살아가거든요. 오히려 편할지도 몰라요. 내가 그를 많이 괴롭히니까요.

이 글이 계속되기를 기도해 주세요. 명희, 성애, 길례언니, 용희, 현미, 춘효… 그리고 나를 사랑해 주는 또 많은 사람들, 나를 위해 기도하는 은미도 잊으면 안돼.

이 글이 계속되는 한 나는 살아가고 있을 거예요.

밤약을 걸러보았더니 온갖 잡귀들이 횡횡하는 꿈….

남편을 소리쳐 불러 뛰는 심장을 다스리고 잠깐 또다시 빠져든 기이한 무의식 속에서 수백 마리 뱀을 때려잡느라 꼬박 죽을 뻔 한 것. 결국 미래의 불확실성이 너무도 두렵다는 엄연한 사실만 다시금 뇌리에 인식되었을 뿐…. 무슨 뾰족한 수가 없어 한 날 한 날이 너무나 힘들다.

지금 이 순간으로서는 명퇴하겠다고 결심이 섰다.

오늘 하루 종일 나를 괴롭힌 생각 — 적지 않은 분량의 정장들을 이제는 입을 일이 없지 않나…. 학교를 계속 나가야 입을 일이 있지 않나… — 입어야 할 옷 때문에 명퇴를 안하는 것도 참 우습지?

1. 뉴질랜드로 가서
2. 작은 집을 얻어서
3. 아침에 일어나면 달리기를 한 시간 하고

4. 집으로 돌아와 검소한 아침식탁을 차리고
5. 감사하며 먹고 설거지도 한다.
6. 잠깐 쉬다가 편지도 쓰고 일기도 쓰고 이야기도 쓴다.
7. 바닷가로 나가서 햇빛을 등지고 앉아 오래도록 오-래도록 바다로 지는 해를 바라본다.
8. 천천히 걸어서 집으로 돌아온다.
9. 무엇을 입을까 무엇을 먹을까 걱정하지 않는다.
10. 검소하게 열심히 살아간다.
11. 차차 차차로 서서히 서서히 점점 나도 모르게 약물을 그치게 된다.
12. 책 한 권을 쓴다.
13. 춤을 추고 골프연습도 하고 나인홀에도 나가고 책방에 가서 책도 사고 먼 길을 걷기도 한다.
14. 집으로 돌아올 때마다 기쁨에 젖는다.
15. 신과 나와의 관계를 확실하게 정립한다.
16. 화장하지 않고 어디든 갈 수 있다.
17. 한 번은 죽는다는 사실에 오히려 감사한다.
18. 내 아이들이 제짝을 찾아 가정을 꾸리는 일에 도움을 줄 수 있다.
19. 호주나 뉴질랜드가 아니고 속초 바닷가도 괜찮다.
20. 남편의 휴가가 시작되면 함께 즐겁게 논다.

또 살아가야지… 젠장! 이런 채로 살아가면 되잖아….

그냥 살다 가자는 맹세가 삽시간에 깨지다니 실망이다.

◆군인 아들

그제 윤세에게 가서 호텔에서 1박 하고 이튿날 아침 서울로 돌아왔다. 윤세는 동료 사병들과 그날 즐겁게 놀았을까. 심장에 부정맥이 있는 애인데.

누구 누구는 아들 군대 안 보내고 잘도 산다는데. 군대 가는 놈만 등신이라는데. 이등병만 보면 눈물이 난다. 석양에 아들아이 병영에 혼자 남겨두고 서울로 돌아올 때마다 이것이 뭐야, 슬퍼서 죽겠네. 뭐 남자는 군대 가야 사람 된다고? 그 말이 맞을지라도 그렇게 말하는 건 이미 군대 생활을 끝냈기 때문이지.

이등병들 봐봐. 어딘가 얼이 빠져 어리버리 하잖아.

내 새끼고 남의 새끼고 다 가엾다.

마음에 들지 않는 정치적 견해, 두어 구절을 지웠다.

또 한 줄 지웠다.

지루하게 쌓인 저 시간들도 어느덧 지워지리라.

젊음이 꿈과 아픔이 그랬듯이.

나의 노년도 슬쩍 다가와서 슬쩍 가버리리라.

눈에 항상 눈물 고여서 누구의 관심을 찾아 헤매지는 말아야지.

대한민국의 모든 이등병 만세!

11월.

윤세가 춥겠다. 여기도 추운데.

안절부절못하는 오후…, 어느 순간 숨 막히게 잠이 쏟아지면.

그 원수 같은 놈의 잠은 때도 못 맞추고 밤에 잘 잠을 낮에 쏟아지게 한다. 부작용을 무릅쓰고 약물을 복용하는데 밤에 잠을 잘 수도 없나? 말도 되지 않는 헛소리들…. 기분이 아주 침울하다.

휴일이기에 닥터 황에게 면담 신청을 하고 약을 더 타와야겠다 생각하고 모처럼 전화했더니 오전에 바쁘니까 오후 5시에 오라고.

못 갔지 뭐.

한 번은 죽는다면 삶의 질을 향상시키기 위해 각종 약물이 필요하다고 본다. 아파도 이를 악물고 참는다니? 남편은 내일 말레이시아로 떠난다고 하고 유니도 퇴근이 늦는다.

❦ 편지(남편에게 1)

우리 결혼 27년간 나는 한 번도 당신에게 편지를 쓴 적이 없었지.

만약에 당신이 나에게 편지를 쓰는 타입의 무디moody한 남자였다면 나는 꽤 많은 편지를 당신에게 썼을 거야.

지금 이 편지가 처음이고 마지막일 걸?

물론 답장은 기대하지도 않아.

당신은 오늘 말레이시아로 떠났고 방금 전화가 오기를 잘 도착했다고.

아마 내가 여전히 당신의 비행기 여행을 싫어하고 비행공포 때문에 가족 중 누구 하나라도 비행기 여행을 하게 되면 심각한 불안장애를 겪었었기 때문에 잘 도착했으니 걱정 말라는 뜻이겠지.

나는 기분이 아주 나쁘니까 전화하지 말라고 말하곤 수화기를 놓아버렸어.

생각해 봐. 모든 사람들이 다 당신을 좋은 사람이라고 하고 착하다 하고 대신에 나는 악처가 되어 보이는 우리 결혼생활이었고 사실 그런 면이 많아.

하지만 나는 당신 때문에 우울증에 방아쇠가 당겨진 거야.

나는 알아.

선하고 악함을 떠나서 당신은 항상 피해자이고 나는 가해자가 되는 사소한 일들 빼고 당신이 나에게 착하게 해 준 게 뭐 있어?

막상 당신의 즐거운 인생을 위해서는 한 가지도 양보하지 않았잖아. 7년 전부터 그러니까 내가 심한 우울과 불안에 시달리다 못해 신경안정제를 복용하기 시작한 원인도 당신이 제공했어. 당신은 그때도 비행기로 싱가포르에 출장을 간다고 했지. 그 해는 아주 험한 일들이 일어났어.

가련한 화곡동 어머니가 돌아가시고, 아시아나 항공기가 산등성이에 부딪쳐 찢어지고, 선박 하나가 바로 부두의 코앞에서 돌풍에 넘어져 사람들이 엄청 죽었지.

바로 그 무렵에 당신은 싱가포르에 간다고 했다고.

유니가 중학교 2학년 때 어학연수 간다고 한 달 동안 혼자 LA에 가 있을 때 이미 경험한 불안증이었는데 그때도 정말 심했어.

이상한 증상인 건 나도 알아. 두개골이 좀 잘못되었을지도 모르지.

아무튼 나는 최악의 패닉상태에 빠져들었고 당신더러 출장을 포기하라고 떼를 썼지. 당신은 절대로 안 된다는 일이라고 했지만 나는 알아. 당신이 가고 싶으니까 가는 것이고 당신이 싫으면 안 가도 되는 그런 이유였다는 걸. 그런데 당신은 패닉 상태에 빠진 나를 두고 싱가포르에 갔어. 물론 하루 정도 늦게 출발했지만 가고야 말더군. 나는 그때부터 심각한 우울증에 걸렸고 지금까지 약물에 의지해 살아가고 있지.

그러나 아무도 그것이 당신 탓이라곤 안 해. 오로지 나의 유약한 영혼에 문제성이 있다고들 하지.

물론 강철같이 튼튼한 뇌세포를 지니고 있다면 좋겠지.

당신하고 아주 찰떡궁합일 텐데.

난 그러지 못했고 예리하고 깊게 파이는 우울과 불안으로 어둠침침한 삶을 7년이나 살았다고. 중증의 약물의존자가 되어가지고 말이야.

언제까지 알약을 삼키며 살아가야 하는지. 혼자 있으면 눈물이 나와.

내가 언제까지 살 수 있을지 자신이 없어.

아이들에게 작은 아파트 하나 정도 사줄 수 있으면 좋겠다라고 생각하면서.

우리는 이사를 12번도 더 했어. 운도 잘 따라주지 않았고(집을 사려면 집값이 엄청 오르고 팔려면 매기가 뚝 떨어지는 그런 류의 운). 드디어 친정오빠와 대판 싸우고 그날로 임시 들어간 손위 언니네 부엌방에서 나는 병이 나고 말았지.

그때 난 죽을지도 모른다고 마음속으로 혼자 생각했어. 죽음의 불안이 너무나 끈질기게 따라다녀서 거울 속의 나는 모든 생의 빛을 잃고 침침하고 어두운 눈으로 멍하니 앉아 있곤 했지.

다시는 되돌아보고 싶지 않은 기억인데, 다시 그렇게 우울증에 시달린다면 죽을 것 같았는데. 항상 탄창이 끼워져 있고 안전장치도 풀려 있는 나의 신경증을 당신이 툭 건드리고 겹쳐서 몇 가지 사건들이 방아쇠를 탕 당긴 거야.

당신은 절대로 인정 안 하겠고 몇 번 그렇게 말을 나누어 보고자 해도 귓등으로도 안 들었지.

나는 누구에게 호소하기를 포기하고 약물을 열심히 남용하기 시작했어. 의사와의 상담도 얼마간은 도움이 되었지만 긴 약물복용 덕으로 우울증이 좀 가시더라고. 그 대신 약물의존이 된 거야.

당신, 이래도 아무 책임이 없어? 나만 괴상한 마누라야? 당신만 착해? 나를 위해서 진정으로 고민하고 걱정해 봤어?

아니잖아…. 가고 싶은 곳 다 가고, 하고 싶은 건 내가 아무리 말려도 꼭 했고…, 내가 싫어하는 당신의 좋지 않은 습관들도 절대로 고치지 않았잖아.

당신은 객관적으로 아주 좋은 남편이지. 그런데 나는 당신에 의해 영혼에 상처를 입었다고….

인정 못하지?

이제는 생각을 바꾸기로 했어.

당신이 어딜 가건, 비행기를 타든, 기차를 타든 그래서 정말로 죽어버린다고 해도 하는 수 없지. 제 좋아서 간 걸…. 남겨진 보험이라도 잘 챙겨야겠다고. 그렇게 못되게 마음먹고 나니까 말릴 이유가 없더라고.

잘 놀다 와. 물론 공무로 갔지만 노는 시간이 더 많을 테니까.

그런데 내 비행공포증은 병명이라도 있지만 당신은 뭐야? 시도 때도 없이 외국으로 휭 돌아다니고 싶은 그 병 말이야.

아, 우리말로 '역마살'이라는 게 있지. 그것도 병이라면 당신이 약을 먹어야 되는 거 아냐?

나 혼자 시달리는 것은 불공평해. 누가 무어래도 불공평해.

전생에 내가 당신에게 못되게 굴어서 이생에 이렇게 되받나?

당신은 좋은 사람이지만 나에게는 당신 자신도 모르게 가해자가 된다고.

유니도 야근이래. 약 먹고 자야지. 남몰래 눈물 흘리느니 그게 나아.

끊임없이 쉰 풀 냄새가 입 안에서 감도는 내 약을 한 번 먹어 보랬더니 당신이 기겁을 했지?

그렇게 독하게 생각되는 약을 아내가 7년을 복용하고 있는데 아무 느낌도 없어? 아니 잘 모르는 거겠지. 연결이 안 되는 거겠지. 나의 두개골 어디가 결손이라면 당신도 반대쪽으로 결손이라는 사실이 가끔 슬퍼. 그걸 나만 알고 있다는 사실 때문에 외로워.

잘 놀다 와.

— 11월 16일 자정 가까운 시간

11월.

오후 세 시쯤 되면 왠지 견딜 수 없어서 가방을 들고 후딱 교무실을 나와 버리는 일이 잦아졌다. 교감이 눈총을 쏘든 말든 상관없이 최선을 다해 4교시 수업을 했다고.

명퇴를 포기한 것이 잘못이 아닌가 다시 생각해 보게 되었다.

이판사판 개판이라고. 객관적인 행복의 기준이 무슨 소용이 있어. 아무도 이해 못하는 내 마음의 금간 항아리가 엄연한데.

인생을 살아가는 데는 반드시 그 나름의 기쁨이 있어야 되는 것이다. 모르겠다.

오후에 집에 돌아와서 자는 잠은 나의 유일한 기쁨이며 한 편으론 밤 불면의 적이다. 어떻게 이 딜레마를 해결 할 것인가. 두 배로 증가한 약물 때문에 때로 골이 몹시 아프다.

남편은 무슨 말을 해도 이제 귀 기울이지 못한다. 그의 능력과 인내의 한계다.

긴 병에 효자 없지. 뚱뚱해지면서 날렵한 정장 취미를 버리고 덮어쓰고 휘어 감기는 늙은 집시처럼 입고 알 수 없는 인생의 얻어지지 않는 해답을 구하려고 일그러져서 걸어 다닌다. 그러나 아직 걸음걸이 하난 지나치게 당당하다. 걸음걸이마저 구부러지면 어찌되나.

과식, 무절제, 불감, 가차 없이 사라져버린 성욕, 물욕, 아, 그리고 멜랑코리….

프로작을 복용할 때마다 식도에 통증.

저녁에 알코올 중독 된 여인의 파경과 새로운 길을 제시하는 영화 'My name is Katy'를 보았다.

이유도 없이 눈물이 났다. 이유가 없을 리가 있는가?

현실을 직시하고 정직하게 그러나 어쨌든 과장해서 말한다면 나 자신의 약물의존에 대한 성찰, 공통분모 찾기 아닌가.

한글 타자 연습을 조금 했다.

비가 오고 바람이 불었다. 춥고 고달팠다.

뚱뚱하고 늙어가고 이제는 살 이유가 별로 없는, 그럼에도 불구하고 죽을까봐 벌벌 떠는 비루한 영혼을 지니고, 치마허리가 자꾸 작아져서 기침만 해도 호크가 툭 터져나가는 이런 낯선 삶이 이제는 내 것인데도 절대로 인정하고 싶지 않은 오래된 허영심.

번거롭기 짝이 없는….

❦ 편지(남편에게 2)

당신을 진정으로 사랑하고 싶어. 괴롭히고 싶지 않아.

평생 히스테리에 시달려 들들 볶아대고 아우성치는 아내를 귀히 여기며 살아왔다는 사실도 알아.

설령 당신이 사실은 어느 한 부분 지독히도 결손 된 부분이 있어서 귀에 못이 박히도록 말해도 좋은 습관으로 고쳐지지 않는 그런 치명적 결점을 갖고 있다 해도 말이야.

지독한 기관지염인가 봐. 잠을 자면서도 색색거리는 걸 알 수 있어. 이제는 감기도 잘 이기지 못하겠어.

킴! 치어 업!

열심히 살았잖아? 앞으로 십 년? 이십 년?

아니 아버지 어머니 평균으로 보면 85+90=175÷2=88세라면?

앞으로 38년이니 이 많은 세월을 눈물로야 보낼 거야?

꿈도 야무진 계산이라고?

중요한 사실은 이 심한 자기 연민에서 빠져나가는 일인데 말야….

매를 맞고 울다가 지쳐 잠들었던 어떤 어린 날.

아아, 그 외에도 엄청나게 이상한 괴로움들….

스스로 프라이드를 가져도 좋으련만….

무엇인지 모르는 이 줄기찬 자기연민과 죄의식과 분노에 대한 마지못할 이유가 있으리라고 당신이 이해를 해준다면 좋으련만.

느닷없이 막 웃고 싶은 생각, 사람들이 아무리 거룩한 체 한다 해도 성기性器를 가지고 있는 한 그건 너무 우스운 '체'야.

문득 생각해보니 너무나 웃기는 것이야. 그 기묘한 요철이 얼마나 우스운가…. 하하하하하하.

사람의 가죽이 조금 남고 조금 모자라서 이루어내는 유쾌한 허점. 그래서 그냥저냥 맞춰서 사는 건가봐.

구매 의욕이 팍 줄어들었어. 조금씩 이것저것 사는 재미도 약간의 치유가 되었는데….

당신이 싫어한다고 하지 않을 이유는 없지만 기분은 나빠. 제발 좀 쩨쩨하게 굴지 마.

양배추를 삶고 계란 흰자만 먹는 식이요법을 시작했다.

달걀 삶아 줘서 고마워. 당신은 그런 건 참 잘하더라?

당신에게 진심으로 잘 대하고 싶다는 마음이 이틀도 못가 무너져.

대부분이 당신이 너무 무감각하고 둔감하기 때문이야.

보약을 짓고 싶다기에 지인知人을 통해 오십만 원으로 지어다 주었더니 삼십오만 원 정도 할 거라며 믿질 않아서 내 복장이 터지게 해.

머리 꼭대기에서 계란이 익는 것 같아, 그럴 땐….

뿐이야? 매일 자기가 치우던 쓰레기를 치우면서 당신이 할 일인데 자기가 한다고 우기지? 단순 무쌍해, 당신은. 그러니 우리 싸움은 십 분도 안 돼 끝나고 화해는 이틀을 못가잖아.

좀 깊게 느껴봐. 길게 응?

마음을 달리 먹는다면?

짧은 시 한 편.
억세게 내리는 비.
달콤한 잠….
때로 그리운 사람.
불안과 화해.
온유.
조금의 감량.
가슴속에 이유 모를 기쁨.
부드러운 캐시미어 스웨터.
교회와 화해하기.
김지원의 신간 나오는 것.
치워진 잡동사니.
남편과 교감.
고요해지는 것.
뜰에 핀 넝쿨장미.
비행기공포증의 치유.
약물 없이 달콤한 잠.
변함없는 사랑.
베를린 천사.
선행.

맑은 물.
개여울.

에이, 고만 쓸래. 어차피 잘 읽지도 않겠고….

❦ 편지(C에게)

뭔지 몰라도 꼭 그대에게 용서를 구하고 싶은 심정.

그러나 너무나 오랜만의 감상感想적 울림에 가슴이 아리는 거야.

메마른 사막, 황량한 숲, 둔한 칼날로 변한 히스테리.

그러니 이런 감상적 추억도 없다면 난 이미 살 이유가 없는 사람이겠지. 그대가 바다로 나갔을 때 그대의 배가 정박하곤 했던 부두에 나가서 하염없이 기다리곤 했어.

웬일인지 그곳에 갈 때마다 비가 오고 바람이 불었지. 그대의 배가 다시 돌아와 저기에 닻을 내리기를 기다리며 얼마나 가슴이 뛰었던가.

겨울엔 꼭 한 번 다시 그곳에 가서 가슴에 주홍글씨를 써 넣고도 사랑하므로 오만할 수 있는 까닭을 생각해보곤 해.

그대는 아직도 배를 타고 이국의 항구를 떠도는가….

라스팔마스에서 돌아와 배의 닻을 내리고 젖은 항구의 포도를 뚜벅뚜벅 걸어 그대가 살아온 뒤안길을 돌아보며 한 번쯤 나처럼 그대를 그대가 나처럼 지나간 열정을 회상하는지.

그런 그대의 늙어가는 얼굴을 한 번 보고 싶어.

그대는 아직도 아름다운 쏘는 듯한 눈빛을 지니고나 계시는지….

하염없이 무엇을 생각하는지.

그대와 함께 빠져있었던 암담한 열정의 구덩이를 두려워하지 않던 그 짧고도 아주 긴 날들.

나는 그대를 기다리며 소월의 개여울을 불렀어.

언젠가 바닷가에서 날더러 노래를 부르라기에 싫다고 싫다고 하다가 정말 너무나 간청하는데 어쩔 수 없어 작고 수줍은 목소리로 한 번 불러 주었던 기억. 잊을 수 없지.

> 당신은 무슨 일로 그리합니까. 날마다 개여울에 나와 앉아서 파릇한 풀포기가 돋아나오고 강물이 봄바람에 헤적일 때에 가도 아주 가지는 않노라시는 그런 약속이 있었겠지요.

또 한해가 저무네.

나 아직 살아서 또 한 번의 긴 겨울 휴가가 시작되었어. 부원들에게 점심을 사주고 두 시에 집으로 돌아왔죠.

어젯밤에는 '창일 따뜻한 가슴을 지닌'이라는 그룹과 만났고 오늘은 부장으로 제구실을 했어요.

이 정도도 역시 쉽지는 않아. 그러나 최소한의 사회적 습성은 사회인으로서의 매너를 지켜야 한다고 그래들.

저녁에는 남편에게 함박스테이크를 만들어 주었어. 물론 조리하기 좋게 포장된 식품이지만 몇 가지 끓이고 볶아야 했으니 반은 요리를 한 셈이지요.

일생에 그를 위한 식탁을 내가 차리기보다 그가 나를 위해서 차리는 식탁이 훨씬 많아.

남편의 도리, 아내의 임무, 이런 것들은 스트레스만 주기 때문에 누가 무어라고 해도 할 수 없는 일이야.

실망? 음, 난 그래.

할 수 없는 일은 그냥 비켜가는 것이 지혜롭지 않겠는가?

지금 그대의 아내가 밥상을 잘 차려주는 거룩한 손을 지니고 있길 바래.

그러면 그대여 안녕.

닥터 황에게 다녀왔다.

히포크라테스 선서를 한 전문 의료인으로서 또는 우리 사회에서 자타가 공인해주던 의사로서 병원사업까지 하려니 힘이 든 모양이다.

의사는 한물갔고 이제 사회가 다면화되고 총체적 권력 구심점이 사라지면 검사나리들도 별 볼일 없고….

그저 평범한 시민들이 야망 없이 평온하게 살아갈 날이 있겠지.

마치 약을 구걸하는 심정이었다.

나름대로 생산적 일을 한 날이었는데(낮잠도 자지 않았고 파마도 했다) 저녁에 남편으로 인해 복장이 터질 것 같아서 이 글을 써 두기로 했다. 결혼 삼십 년이 다가온다. 남편은 무골호인으로 소문이 났고 실재로도 그렇다.

다른 아무 것으로도 나를 괴롭히지 않았으며 흔한 바람기도 감지하지 못했다. 그러나 이 미세한 정신적 불감증. 사람의 영혼에 대한 무관심. 거듭되는 무신경.

저녁 6시에 회식이 있으면 아침 9시에 나가서 온종일 밖으로 나돈다.

물론 남편이 없으면 오히려 편하기도 하다. 어지르지 않고 인터스트럽도 없기 때문이다. 불행한 기분이든 행복한 기분이든 안정감이 든다.

이 세상에서 외로운 내 영혼까지 불러내어 훌쩍거리게도 한다.

내가 죽으면 혹은 사라지면 다음 사항을 지켜주기 바란다.

얼마 되지 않겠지만 나의 저축과 퇴직금 등은 유니와 윤세가 똑같이 나누어 가져라. 무슨 일이 있어도 자기 자신을 책임질 수 있는 사람이 되어야 한다.

만약에 내가 죽는다면 그것은 대개 한평생 나를 화가 치밀어 견딜 수 없는 상황으로 몰아넣는 그래서 그때마다 약물에 젖어버리게 하는 남편 탓이다.

착하면 뭘 하나….

피해자는 남편이 아니고 바로 나이다. 아무도 이해 못하지만 바로 그렇다.

나의 우울증 발현도 그로 인하여서이고 약물의존도 그의 행태로 인함이다.

시시때때로 나는 그의 무신경에 의해 조금씩 무너져왔다.

오늘은 팔목이 너무나 아파 파스로 감고 있다. 약을 두 봉지 넘겼으니 밤에 자다가 고요히 돌아가도 좋다.

평생 한 집안을 보살피며 주인집 식구들을 진심으로 사랑하는 머리카락은 하얗지만 몸은 정정한 하녀가 있다면 얼마나 좋을까.

아들애가 전과轉科하고 싶다는 말을 전했더니 남편이 멍청한 ××라고 해서 내 울음보가 터졌다. 누구는 멍청하고 싶어서 멍청한가. 이 험한 세상에 약아빠진 인간들 틈에서 말이야.

누군 그러고 싶어 그러겠냐고. 제 자식한테 말야.

엄마아아아아아앙 아아앙. 통곡을 했다.

물꼬가 막힌 가슴이 조금 트이는 것 같다.

어제 아버지 기일忌日.

아주 오랜만에 셋째만 빼고 김씨 딸들이 다 모였다.

셋째 문제만 아니었다면 엄청난 유대관계를 지니고 살았을 텐데….

윗머리가 훤히 들여다보이게 오빠도 노인이 되어간다.

언니들도 늙어 가는데 푸르고 싱싱하던 울 언니들의 머리에도 서리가 내렸구나.

유니가 사흘간의 휴가를 교토에서 아레쥬와 더불어 지내고 왔다.

◆소리 없는 비명

저녁 약을 복용하지 않고 잠을 자는 시도를 다시 해보았다.

…….

고통스러운 잠, 산란하고 음산한 꿈….

가슴이 바위에 눌리는 듯한 깨어남….

(이 글은 의지가 약한 자의 소리 없는 비명이다).

8년, 너무 오래되어 이제 목이 쉰다.

하루는 이렇게도 긴데 인생은 또 얼마나 짧은가!

모두가 황망하게 떠드는 성탄일도 가고 12월이 조그만 꼬리만 남기고 있다.

세설細雪

❦ 나 아직도 살고 있네

약물에 찌들었지만 그래도 악착같이 9년을 살았다고.

집엔 다시 아무도 없어서 잠시 황망히 우울감이 오려는 걸 알약을 남용하므로 잠시 위기를 면했지.

하여튼 빌어먹을 사는 거야…, 살아갈 거야.

하지만 왜 나는 혼자 움직이기가 싫을까. 마음 같아선 저어기 웨일즈나 스코틀랜드에, 시골 여인숙에 혼자 가서 쉬고 싶다.

글도 정리하고, 숨통이 탁 트이는 들판에서 쓰러질 때까지 달릴 텐데.

비가 내리면 그대로 맞으면서 걸을 거야.

그것도 안 되면 도고 — 수덕사로 — 가야산으로 — 강릉으로 — 법정 계시는 산사로 — 여수 바닷가로 내 자동차를 몰고 갈 거다.

길거리를 지나가다 옛 정인情人도 만나고 싶다. 미안하다고 말하고 싶다.

남편이 조그만 접촉사고를 냈다.

나는 늘 그의 운전습관을 경고해 왔다.

어린아이를 보행 횡단보도 위에 넘어뜨린 것. 정말로 한심하다.

스트레스로 인해 시리얼을 600칼로리 이상 퍼 먹었다.

몇 부의 글을 찾을 수 없다. 몹시 애착을 가지고 쓴 『달에게』와 『70년도 식 사랑』 두 편의 글이다.

약물을 흠씬 복용했으나 잠이 오지 않는다.

얼마 전에 마음에 가시가 돋쳐 마구 써댔던 글을 수정해야 할까?

남을 찌르자니 내 가슴이 먼저 아린다.

남에게 피를 뱉자면 먼저 내 입 안을 피로 가득하게 해서 더럽혀야 한다는 공자의 옳은 말씀.

잃어버린 글을 다시 써보려고 하나 처음 써내려 갈 때의 신비한 가슴 아림 같은 것이 사라져 막막하다.

저녁 어둠이 서려가는 산의 능선을 바라보면 큰 바위들이 거인들의 잠들어 있는 모습처럼 보이는 것….

누군가의 마법에 의해 찰나에 굳어져버린 그런 느낌.

텔레비전 화면에서 잘생긴 청년의 얼굴 위로 눈사태가 덮어져 내리는 화면이 베토벤의 9번 교향곡을 뒤로 하고 장엄하게 무너져 쏟아져 내린다.

눈이 하루 종일, 하루 종일 싸락싸락 싸락싸락 내려서 모든 것을 덮다.

나는 눈이 싫어. 그 눈이 녹고 얼고 밟혀서 진탕 튀기는 길바닥이 먼저 걱정되고 심란하거든.

이만큼 비가 왔으면. 빗소리 좀 들었으면….

빗소리 들으며 잠들었으면.

헤픈 소녀의 순결처럼 눈이 내린다.

아주 부드러운 부드러운 회색 털코트를 보았고 만져보았고 갖고 싶기 시작했다.

Am I disappoint me, myself?

Are they important to me? in my life?

딸아이는 강원도 쪽 스키장으로 새벽부터 부리나케 달려갔다. 그 능동성은 높이 산다. 인생에서 매순간마다 그렇게 확실하게 살아가기를 바란다.

윤세는 폭설이 내린다고 전화했다. 병장 4달 남은 것이 모두에게 지루하다. 온 집안이 어질러져 있어 정신이 산란하다.

남편이 있는 곳은 항상 무엇인가로 어지럽혀진다.

병원 24시를 열심히 보는 까닭은 무엇인가.

응급실 젊은 의사의 우울한 표정과 사활이 갈리는 환자들의 무엇도 할 수 없는 절망적 생명에의 본능적 애착이 가슴을 쑤시기 때문이라면 매조키즘 중증이겠지….

사람은 무엇으로 사나? 아니면 왜 죽나? 왜 고통을 당하나?

여기에 책임질 사람 나와 봐.

멀쩡하게 누웠다가 약 한 봉지를 더 꿀꺽 삼키고 또 삼키고 말았군. 씁쓰레 자멸감에 젖는다.

모처럼 기분이 나서 내일 시무식에 입겠다고 아름다운 빛깔의 개량한복을 사서 벽에 걸어두었다. 한복의 빛깔은 참으로 아름답다. 잿빛 모피코트도 샀다. 코트가 아니라 잠바임에도 불구하고 300만원을 호가한다. 자책감에 조금 시달렸다.

지금 맨발인 사람도 있겠거늘….

웬일인지 입맛을 잃다.

강신재 씨의 옛날 작품이 새로 발간되었다.

『젊은 느티나무』.

비누 냄새가 나는 이복오빠를 사랑하는 소녀의 이야기였다.

강신재 씨의 작품 어느 것에선가 윤세라는 이름의 공군사관생도가 등장하는데 젊은 날, 그 이름이 주는 귀한 느낌, 순수한 느낌, 씩씩하기도 하고 핸섬하기도 한 젊은이의 느낌이 너무나 좋아서 아들의 이름을 윤세라고 지었고, 또 다른 원로작가 정연희 씨의 작품 『목마른 나무들』에 첼리스트로 등장하는 이윤이라는 여인이 너무나 매력적이어서 딸의 이름을 이윤이라고 지었다.

지금의 내가 그때의 나 맞아?

모든 빛을 잃어버려 컴컴한데….

이삼 일에 한 줄씩 글을 써 내려가려고 노트북을 펼치는데 전기를 연결하고 컴퓨터가 삐악 하고 뜰 때까지 기다렸다가 또 화살표 꼬리가 잘리기를 한참 기다리다 찾아내는 과정에 비해 작업량이 너무나 없다.

단 한 줄, 두 줄이기도 하다. 그러나 한 줄이라도 쓰고 있는 동안 나는 살아가는 것이다. 오죽하면 미치겠는가!? (나 말고 사람들이…. 호호!!)

정신 나간 놈들이라고 허구한 날 말하는 그자도 정신이 나간 줄 아나 모르나. 제 정신이라고 믿고 있지만 임상적으로 본다면 지가 먼저 정신나가버린 사람들이 수두룩할 것이다.

운동 조금하고 약물로 한잠 자고, 다시 일어나 두 봉의 약물을 삼키고 약간의 두통 기미가 있어 머리가 흔들리고, 약만 먹어 대는 나

자신이 한심해 또 어거지로 약 먹고 살다 죽으면 되지! 하고 없는 배짱으로 약물 남용을 합리화하고….

우울한 오후가 간다. 느릿 느릿 느릿 간다.

❦ 인디언 식으로 이름 짓기

사랑하는 것이…, 가슴을 설레게 하는 일이, 바라보고 걸어가고 싶은 꿈이 다 사라졌다는 것을 바로 노화라겠지. 아무것도 나를 지원해 주지 않은 나의 인생에서 오로지 불확실하고 불투명한 꿈 하나를 지니고 나의 인생을 세워왔다고 보는데…. 그래서 때때로 남루한, 부끄러운, 분한 과거의 기억들이 묻어나면 아직도 괴로운가 보다.

오늘은 생각을 조금 바꾸려고 해보았다.

도대체 무엇이 그리도 문제가 되느냐고…. 늙어서 망령 들어 자식들 치를 떨게 하는 것인가. 아니면 죽는 것은 무섭지 않은데 아픔은 절대로 싫은 것인가…. 인간으로서 노인이 되도록 미성숙하다는 것인가….

충효가 맛있는 구이 김을 들고 밤에 들렀다 갔다. 복합적 성품을 잘 다스리는 매너가 있어 좋은 동료이다. 키도 알맞게 크고 관능적인 몸매를 가졌는데 얼굴은 미아 패로우를 닮았다. 때때로 이해할 수 없는 그녀만의 낯선 표정을 지을 때가 있는데 자기의 생각과 형편이 무엇과 잘 맞아 들어가지 않을 때인 것 같다.

언뜻 시계를 보면 기다란 대책 없이 긴 오후가 주욱 누워 있다.

책을 읽으라고?

돋보기 끼고 20분만 있으면 머리가 어지럽고 글자들이 종이 속에 묻혀버린다고.

글을 쓰라고?

의욕이 사라지고 너무 허무해서 그만두고 싶어.

맛있는 걸 먹으라고?

비만이라는 질병을 치유해야 된다고.

가만히 누워 시계가 움직이는 소리를 들으면 지긋지긋한 두통이 끈질기게 물고 놔주질 않는다. 아무런 생산적 일이나 생각을 하기가 싫다.

폴 뉴먼과 로버트 레드포드의 스팅.

호쾌한 사기극이 벌어지고 있다.

가슴에서 케첩이 흘러나오며 폴 뉴먼이 쓰러진다.

살아도 그만, 약 먹어도 그만, 안 먹어도 그만, 의미가 있어도 그만, 없어도 그만, 죽어도 그만이라고 다짐을 해야 할까….

희끗희끗 눈발이 날리더니 금세 말개졌다.

광릉으로….

나무 냄새가 차량의 배기가스에 압도되어버린 서글픈 숲길이 굽이친다.

낙지볶음을 정말로 양심적으로 잘하는 집이 있다. 거기 가면 두 공기씩 밥을 먹는다. 매실주도 마셨다. 술을 마시기 싫어진지 오래되었는데 이것도 약물의존증의 하나이다. 그래서 술을 조금이라도 마시자면 크게 각오를 하게 된다.

머리가 아파도 좋아, 간에 부담이 간데도 좋아, 술 한 잔 마시면서 벌벌 떨지는 않겠어.

안경을 쓰니 어지럽다. 도수를 바꾸어야 하나….

인디언 식으로 내 이름을 부르고 싶다.
바람처럼 달려가.
금빛 강물.
사자머리 갈기.
은발 다 된 그대.
두 손을 내밀어.
두 볼 위에 흐르는 눈물… 등으로.

어둑한 실내, 창밖은 바람 혹은 비.
활활 타는 페치카.
늙은 호랑이 가죽 위에 앉아 고개를 수그리고 불빛을 바라보는 중년 여인.
아름답지는 않으나 무엇인가 고혹적 상처감.
바람소리….
그녀가 흐트러진 머리카락을 쓸어 올린다.
내가 보고 있는 영화의 한 장면.

2월 윤세 휴가.
세월이 고맙게도 어느새 제대가 가까워지다니….
더욱 더 건강하고 충실해지기를 바란다.
여자 친구를 데리고 집으로 돌아와서 싱글벙글 웃는다.
저희들끼리 좋으면 할 수 없지만, 윤세의 일편단심이 답답할 때도 있다. 배반을 밥 먹듯 하는 이 세상에서….

추운 혹한기 훈련을 하는 군인들이 가여웠다. 게다가 자기 아버지에게 간肝을 나누어 주러 눈길을 걸어 나오는 군인 아들의 모습,

아름답고도 슬프고 한심해서 눈물이 났다(병원 24시에서).

이 나라의 모든 가난한 그리고 착한 군인아저씨들에게 축복이 눈송이처럼 펑펑 쏟아지소서. 그들을 딛고 멀쩡한 녀석들이 군복무를 면제받는 녀석들은 일평생 그 짐을 지고 대가를 받게 하소서.

우울한 황혼기를 그런대로 살아가야지….

내 딴엔 얼마나 열심히 살았는가….

머리털 밖으로 은발이 숨지 않고 나선다.

은발 다 된 그날에 그대 앞에 말없이 고운 장미 꺾어서 그대 앞에 드리리….

아! 생각났다. 나의 인디언 식 이름은 '은발이 다 된 그대'로.

❦ 봄은 봄이로되

월요일.

아직 지난 겨울 얼고 썩어버린 나뭇잎이 수북한 길에서 고승高僧 한 분이 합장하고 있다.

봄은 언제 오나….

그 모습이 고요하다.

낙관적이고 희망적인 사람의 행복지수가 높다고? 당연한 일을 가지고.

당연히 그렇지…, 무슨 대발견이라고.

아니 억지로 희망감을 느끼겠다고 해서 그게 되냐고.

누가 비관적이고 싶어서 일부러 그러는가….

그러니까 타고난 기질인 걸 말이지.

아니면 생물학적 무슨 호르몬의 결핍이나 과잉이거나 말이다.

노상 되풀이하는 거지만 불안하고 싶어 불안하고 우울하고 싶어 우울하냐고~!

불 끄다가 소방관 6명이 순직했다고…, 마음이 아프다.

불 지른 놈이 죽지…, 전생에 무슨 업이길래….

텔레비전 드라마에서 신경안정제를 정신없이 집어먹던 중년 여자가 갑자기 치매에 걸려서 오줌도 싸고 당신 누구세요? 그러는 역할로 고두심이 나왔다. 무책임하다. 할 수 없어 약에 의지해 살아가는 사람들이 받을 충격은 생각 않고.

두려움 없는 생生을 남겨두고 싶다.

두려움에 죽상을 하는 일에도 지쳤다.

이제 모든 소망감은 던져버려야 하나?

목련나무 몇 그루 심고 후박나무도 심고 덩굴장미 올린 뜰이 있는 집에 사는 것이 그래 그다지도 말 안 되는 일이냐?

당신, 대답해 봐! 뜰에다 빨랫줄 걸어놓고 빨래를 탁탁 털어 널며 '봄처녀 제 오시네~~' 노래 한 소절 부를 수 없어?

용인에 전원주택을 보아두고도 이사할 마음이 없어 새로운 수법으로 도망 다니는 남편아!

계속 그러면 나 혼자 알아서 해버리고야 말거야. 두 번 살아? 두 번 사냐고! 정말로 답답하고 꽉 막힌 사람아!

3월.

항상 조금씩 불안에 떨며 깨어나는 월요일 아침….

바람이 윙윙거리며 부는 소리가 들렸다.

흙먼지가 자욱하다.

3월의 꼬리가 한 자락 남아서 꾸물대는구나.

Do you believe god?
No….
Why?
Cause, I can't see him.
So don't you believe Poland? It's can not see?

- 호머와 에디 중 -

4월은 잔인한 달.

견디기 힘든 것은 사실 불안이 아니고 희망이 없음이 아닐까?

남은 삶에 소망은 갖지만 희망이 없다는 것, 분명한 사실이다.

가난한 자의 겉옷처럼 뿌옇게 먼지가 이는구나.

'My Lover is a poor girl.'

젊은 날 모래네 산등에 사는 나를 찾아왔던 K가 그즈음 중얼거렸던 말. 그로부터 갖가지 전략을 써서 도망치던 K.

결국은 가난한 연인을 버리고 자기 길을 갔던 그를 이해할 것도 같다.

젊은 날의 순수는 내 가난마저 모두 용서해질 줄 알았던 나는 유죄!

눈이 덮여 희어진 산등의 오막살이로 K를 초대한 것은 도대체 무슨 바보 천치 같은 짓이었을까…. 아아, 그 시절의 우매여!

평생 마음에 상처 입게 만든 젊은 날의 미련한 사랑.

노희경의 '지금 사랑하지 않는 자, 모두 유죄'라는 시를 거꾸로 풀어 썼다.

'지금 사랑하는 자 모두 유죄.'

사랑을 빙자하고 자기를 유기하는 자, 유죄!

명랑한 마음으로 이 글 끝내고 싶어.

모래로 골수를 비벼 씻는 것 같다. 그럼에도 불구하고 살아간다.

6월.

일명 개 같은 내 인생이라고 번안된 영화를 보다가 생각하기를, 사람들이 아주 조금씩 재미있게 미쳐 있고 또 그 점을 자기 자신들이 잘 알고 있는 그런 마음에서라면 잘 살아갈 수 있겠다.

수요일은 수업이 과다한 날.

날개를 가졌다고 착각하는 아이들이 제 길로 가겠다는 신호를 알게 모르게 보내는 모양이다.

날아가 보아라.

도대체 그곳에 무엇이 있는지.

날아가면서 이미 깃털이 빠지고 날개가 찢기고, 그리고 봄은 거기에도 없다는 걸 알겠지.

이런 시대에 비행공포증이라고 뭇 사람들은 참 이상타 한다.

이상해도 할 수 없는 거고.

바퀴벌레, 심지어는 닭이라면 질색을 하는 내 큰 언니도 그럼 병이지.

비둘기를 이유 없이 미워하는 내 딸도 그렇고.

순간적으로 호주에서 긴 장거리 여행 도중 잠을 잤던 작고 깨끗한 모텔의 정결한 침대시트 위에 얼굴을 묻고 내리는 빗소리를 듣던 추억이 가슴을 지그시 누르며 그리워하게 한다.

공포와 근심을 향해 도전한다.

살든지 죽든지 나는 앞으로 나아갈 수밖에 없다.

『생의 한가운데서』

오늘 우연히 다시 한 번 읽는 루이제 린저의 생의 한가운데서.

니나가 린저 자신임을 누구나 알겠는데.

린저도 자아도취에 빠져 니나를 엄청 매혹적으로 묘사하고 있음을 오늘에서야 느꼈다. 처녀 적에 밤을 새며 읽으면서 니나가 사랑하는 슈타인. 한 번도 니나와 직접 이야기 하지 않고 나타나지 않은 남자가 니나를 만나러 와주기를 어리석게도 애타게 기다렸던 일.

린저의 공주병을 요만큼도 모르던 시절, 내 스무 살.

밉기도 하고 가엾기도 한 그 영혼.

아무런 계산도 없이 연애에 몸을 던졌던 날들.

모두가 배반하고 떠나던 때…. 남루한 지붕 밑 방.

비 오는 날의 낮잠, 한줄기 눈물을 생각한다.

『예수는 없다』 오강남 박사의 책을 읽고 있다.

통쾌하게도 예수를 오염시킨 자들을 통박한다.

자기들의 교세를 지키거나 권위, 혹은 선민의식을 지키기 위해서 그토록 오랫동안 우민愚民화 시켜 온 성직자들.

생각하면 괴롭던 성서에의 괴리감, 예수 그리스도에 대한 갖가지 저항감들을 마치 나에게만 가르치듯이 꼭 집어내어 쓴 글이지만 보수파에겐 이단異端이라고 맹공 당할 글이다.

그렇다.

사람들은 진리를 선포하던 예수를 군림하는 전능자로 만들고야 만족한다.

문자적으로 성경을 해석해야만 참신앙인이라고 우기는 천박한 지성들이 있다는 점에 주목한다.

금면류관을 쓰고 붉은 자주빛 도포를 입은 찬란한 예수가 아닌, 내가 곧 하나님이라고 말한 적이 없는 예수라면 나는 사랑할 수 있다.

믿어지지 않는 일을 무조건 믿는 체 하는 일에서 해방되는 것이다.

예수는 여호와 하나님을 바르게 선포하던 주의 사랑하는 아들이었다.

우리가 하나님 아버지라고 부르듯.

여호와 하나님도 조그마한 중동 유대인의 목신牧神이 아니라 온 우주적 존재로서의 하나님일 것이며….

마음에 해결감이 조금씩 생긴다. 좋은 일이다.

봄이 벌써 간다.

❦ 작은 승리

나 여름휴가 보름간 북시드니에서 뉴캐슬을 지나 브리즈번에서 지냈어.

비행기? 약물남용으로 이겼지.

사막 걸어가기.

혼자 텅 빈 거리를 걸어가기.

바람이 지독히 부는 골드코스트에선 머플러로 얼굴을 감싸고 바닷가를 걸었어.

골프도 쳤지.

미련을 남겼던 일들을 대충 했고 나그네의 여정을 즐기려고 애썼다.

어쨌든 감사하다.

약물로나마 누구보다 결차게 살아가는 것일지언정.

모든 가족들이 밖에 있는 어떤 즐거움이나 목표를 향해 달려 나간 밤.

노염老炎에 시달리다.

싸이라는 녀석의 노래 가사가 신통하다.

이랬다가 저랬다가 왔다 갔다… 어쩌고저쩌고….

일주일째 집 안에 틀어박혀 있다.

그러니까 이건 어떤 깊은 상처 치유의 한 모습일까라고 볼 수 있다면.

갈치를 구웠더니 손에서 생선비린내 엄청 나는구나.

밥상을 차리는데 익숙하지도 않고 하고 싶지도 않는데 집에 우두커니 앉아 때 되면 밥을 먹어야 하는구나.

내 가족들은 내 말에 귀 기울일 흥미를 느끼지 못하는 것 같다. 건성으로 듣는 시늉들이다. 그들의 관심사가 내가 아니라 활짝 열린 저 세속의 빛나는 것들임에야.

하루 세 끼 밥상을 차려 가족들 앞에 놓아주는 여인들은 그 어느 전문직 커리어 우먼들이 따라갈 수 없는 밝은 등불이며 거룩한 손이다.

Come to….

지나 롤로브리지다와 록 허드슨이 삼바를 추던 장면…. 9월이 오면. 마음의 등불을 밝히고 살아가야 한다.

유리등을 잘 닦고 타버린 심지를 바꾸며 밀기름을 넘치게 부어준다.

지붕 밑 방.

그리고 한 조박의 뜰, 목련과 후박나무가 두어 그루, 밤이 되면 나무들이 자라고 잘 자라고 쓰다듬어주는 곳에서.

주主님.

사람들이 돈으로 시키지도 않고, 교리로 회칠하지도 않고, 진정으로 옳게 살아가신 그러한 주님이시여!

내가 방황하나이다.

내 무릎뼈의 아픔을 어루만지시고 잠들지 못해 고통 받는 나의 두개골에 안수하소서.

스위스에 있다는 침묵하는 수도원에는 길손님들이 방을 하나씩 쓸 수도 있다는데.

마음에 남아있는 것이라고는 고요와 침묵과 감사이기를….

마음이 갈 곳을 모르면 쇼핑을 나가는 버릇, 쇼핑중독까지는 아니지만.

자동차 접촉이 일어나면 서로 미안하다고 할 수 없나?

아파트가 떠나가라고 싸웠다. 요즘 어설프게 젊은 것들, 정말 한심하다.

이 말은 5천년 전에도 쓰였다지. 그렇게 경우 없는 것이 제 권리를 찾는 것이라고 자랑스러워하겠지.

독하지 않으면 못 사는 세상이 되었다.

❦ 무수한 날들이 간다

ER을 보다가 울었다.

젊은 영혼의 아름다움, 강건한 정신….

나에게 또 한 번의 청춘이 주어진다면 쓸데없는 연애질로 남루한 현실을 뒤끌고 가지 않고 가난이 나의 얼굴까지 갉아먹지 않는.

아, 치열하게 다시 청춘을 다시 살아내고 싶음.

오만과 편견(제인 오스틴)을 영화로 만든 SENS AND SENSI-

BILITY를 보다.

가슴 깊숙이 잃어버린 듯하던 삶에 대한 정감의 작은 종이 딸랑 울리는가.

젊은 날 오만과 편견을 숙독했던 일.

그 어느 밤에 키워놓은 흐린 등불 하나 아직 어디 저기 있을까요.

이 밤엔 아름다운 추억 속에 단잠 들게 하소서.

사흘간의 휴가를 집 안에 툭 박혀서 약 먹고 자고 또 약 먹고 잤다.

하릴없이 외출을 하는 일이 귀찮고 번거롭다.

이렇게 하릴없으면서 게으름까지 는다면 퇴직 후에 과연 견딜 수 있을까?

아주 컨디션이 좋지 않은 날들….

비가 온다.

비가 많이 왔으면 빗소리를 듣고 잠을 청할 텐데.

학교에 떠도는 자그마한 금 가기.

학교 가기 싫어.

다시는 지긋지긋한 분열과 대적을 겪고 싶지 않다고.

골을 조그마한 망치로 꽁꽁 쪼아대고 갈고리로 눈알을 낚고 벌건 안개 같은 무거움이 뒷골을 누른다.

어제는 왼 눈이 아프더니 오늘은 오른 눈으로….

타이레놀로 견디고 프로작과 바리움으로 잔다.

남편은 출장 중.

윤세의 24번째 생일, 아하 그 어리던 리틀 보이가….

기타와 케이크를 아빠와 누나로부터 선물을 받고 입이 귀에 걸렸다.

윤세가 서투르게 치는 기타 반주에 맞춰 밤배를 불렀다.

이즈음 연애에 돌입할까 말까 하는 유니는 건성으로 들락날락한다.

주여! 이제 살고 있을 때나 나 숨 거둘 때에 내 영혼에 평화주세요.

나는 배반자가 아니에요.

다만 사람들이 덕지덕지 발라둔 주의 모습의 온갖 장식을 거짓과 광휘를 벗겨내고 소박하게 주와 나와 동행하심을 원할 뿐이에요.

목요일 더글라스.

이틀 동안 워커힐 더글라스에 방을 잡고 죽치고 들어 앉아 있었다.

만사가 귀찮을 때 이곳을 찾는 일이 상습적으로 되어 간다.

1박에 30만원….

모두가 쇠해져서 아무 것도 쓸모가 없고 조그만 조그만 실패들이 쌓여간다.

내가 약물을 복용한다고 누구에게 손해 준 일 있나? 왜 죄의식을 느끼고 수치감을 갖게 되는 걸까?

감기약 먹는 사람, 고혈압약 먹는 사람, 인슐린 주사 놓는 사람들과 나는 뭐가 다를까.

나도 조금 미친 걸까? 많이 모자란 것일까?

아니면 남는 걸까? 지나치게 넘치는 것일까?

약물을 끊지 못한다는 사실에 극히 괴로움을 느낀다.

잠시 휴식이었던 건강염려증이 슬그머니 다시 도져서 당장 뇌 방사선과로 달려갔다.

이젠 이겨낸 줄 알았는데 아직도….

아, 난 서글프고 슬퍼. 정말이야. 어떻게 살아가냐고.
마음속에 날카로운 배반감.
인생이 과연 이것뿐이더냐?
병원을 오락가락하는 새로운 해의 시발.
오십 대여섯의 나이에 남아있는 것들, 아니면 새로 생긴 것들.
지방간 하고 조그만 물혹 하고 비만에 대한 경고 하고 약물….
하루씩 새로 주어지는 듯한 심장 떨림.
성性에 대한 지독한 환멸, 짜증.
아아, 까맣게 잊어버린 모든….
돋보기 하고 내 누울 침대만 남았다.
무수한 날들이 죽음을 향해 쏜살같이 달려간다.

초여름, 그래 초여름이 가장 좋아.
초여름의 서늘함. 아, 그 푸르름이 나를 기다릴 것이다.
나무와 꽃과 풀잎들이 향그럽게 치마폭을 감기던.
아, 그러니까 살자꾸나, 그러니까 '당신도 살아'라지 않던가.

금약 시도.
도미니끄 피정의 집 찾아가기.
모든 나를 떠나고 싶어 하는(잠시라도) 것들에 대한 용서.

변덕스런 계절이여.

《오늘 한 일》
- 부장 근무
- 긴 낮잠

· 두 개의 알약 줄여 봄.
· 3시간 동안 내가 복용하는 약물 탐구 — 인터넷에서 방황

그리고 지금은 자정을 반이나 넘기고 잠이라고는 ㅈ 받침도 생기지 않는 너무나 명료해 쓰라린 골….

나 골드코스트에 가고 싶어, 누사에도 가고 싶어. 비행기 안에서 졸고 싶어.

깊은 잠에 곯아떨어지고 싶어.

일요일에 예배당에 가고 싶어.

아직 나에게도 꿈꿀 일이 남아있을까.

찾아보고 애쓰면 있을까?

사랑의 이름으로 기차에 뛰어드는 안나 까레리나를 다시 이해할 수 있을까.

꼭 한 번 보고 싶은 사람들…. 지금은 다 무얼 하는고?

이 밤에 침상에 누워 자면 내일 아침 한 점의 먼지도 남기지 않고 사라졌으면….

세상 온갖 보편적 일들과 일상의 분주함을 내동댕이친 지 오래다.

아이들이 말레이시아로부터 돌아왔다.

자기가 꿈꾸던 휴양이었다고 아들아이가 즐거워한다.

딸아이는 애써 치료하고 떠난 피부가 다시 트러블을 일으켰다.

국내 · 외랄 것 없이 예닐곱 곳의 수도원 주소를 적어 놓고 있으면서도 한 번도 가보지 못하고 있다.

심지어는 강원도 산골에서 함부르크 묵언 수도원까지… 이르는.

깨끗한 시트가 씌워진 나지막한 침상과 등불 하나, 검소한 실내복 돌벽….

꿇어앉아 아무 소리도 없이 고즈넉이 명상할 수 있는 곳.
용기 없음과 지독한 나태를 한탄한다.

❦ 그럼에도 불구하고

패티리버…. 정신적 패닉현상 말고 육체적으로 내려진 병명이다.
살찐 간이라는 말이다. 혹은 Bright liver이라고도 한다.
간에 지방이 끼어 초음파로 보면 하얗게 빛나게 보이니까.
체중이 함부로 불어나 간도 지방이 낀 탓이기도 할 거고 십 년이나 매일 먹는 약물 때문이기도 하고, 무의욕으로 테니스를 중단한 것 때문이기도 하고, 자궁수술 후 아무래도 체중이 늘어나는 것을 조절하지 못한 이유이기도 하다.

《소망》
겨울비가 내리네
나 괴로운 잠에 시달릴 때
저 혼자 촉촉이 내렸네
비가 내리면 내 영혼은
울다가 지친 아이처럼
한동안 딸꾹질을 하다가
제 손으로 눈물을 닦는다네
눈 아닌 비가 내려
나는 행복하네.

– 늦겨울 어느 밤 –

누구도 사랑하지 않게 되고 그 누구도 내게 사랑을 고백하지 않게 된 쇠락이 하루 종일 가슴을 쓰라리게 했다.

어떻게…, 이렇게…?

셜리 맥클레인이라는 노여배우의 이해할 수 없는 아름다움은 성형의 효과인가? 아닌 것 같은데.

그녀가 메릴 스트립하고 주연한 'Letter of the asdg'에서 도도하고 거만하게 늙어가는 여배우 역할은 볼만했다. 그러나 허리를 삐끗해서 병원에 누워 있을 때는 갈 데 없이 쭈그러든 노인네였다.

평소에는 사이 안 좋은 딸이 그래도 용기를 팍팍 주자 그녀는 분연히 일어나 화장을 하고 눈 아래 라인을 연필로 새카맣게 그린 후 두 손가락으로 눈초리 위로 싹 밀어 올리니까 정말 믿을 수 없도록 살벌하게 다시 도도하게 예뻐지던 장면이 생각난다.

이번엔 왼팔이 교묘하게 아프다. 체중이 좀 빠지는 재미에 운동을 무리하게 한 건가?

새학기의 먼지 부연 어지러움과 불안이 교무실 가득하다.

또다시 봄이 오고 삽시간에 가겠지….

노랫가락이나 한 가락 불러나 볼까….

'연분홍 치마가 봄바람에 휘날리누나!'

손가락이 방아쇠 손가락이 되었다는 진단에도 불구하고 느닷없이 빨간색 골프 풀백을 사고 진접에 가서 드라이버를 휘두르고 왔더니 아, 오늘 아침에 손이 석고 같았다. 골프채의 이름이 'suden-death'다. 단판승부라고 번역되지만 직역으로 갑자기 죽음이라 생각해도 문제없겠다.

이런….

아 아, 그러나 그럼에도 불구하고 제기랄! 살아가는 것이다.

2장.

픽션 혹은 논픽션

이 글은 내 주위에서 일어난 일들을 토대로 쓰여진 것이다

기애와 가토 이야기

- 나보다 더 아픈 그대 -

기애와 가토는 숙소로 돌아가기 전에 길거리 작은 식당에서 배추절임과 fish&potato를 먹었다. 양이 너무 많아 둘 다 다 먹지 못했다.

두 사람은 다 오래 금식한 사람들처럼 창백하고 여리다.

메마른 얼굴, 숙인 목, 맥없는 손놀림, 그러나 두 사람은 가끔 서로 마주보고 배시시 미소를 지었다.

남자는 흑갈색 머리털이 목까지 자라있고 그는 일본인이다. 눈동자에 눈물이 고인 것처럼 보이는 잘생긴 남자다.

여자 민기애, 한국인이다. 어느 준재벌가의 막내딸이다. 어릴 때 대인공포증 비슷한 증세를 치료하다 약물에 의존되어 이곳저곳으로 떠돌며 살아왔다.

그녀는 심하게 낯을 가리는 사람이다. 낯선 사람과는 한 마디도 나누지 않는다. 그것은 두려움에서라기보다 싫다는 느낌이 더 강했기 때문이다.

말하기 싫음이라는 패찰을 가슴에 붙이고 있는 것처럼 보인다.

그래서 모든 인간관계는 끊어졌다고 보아야 한다.

하루에 한 마디도 하지 않고 살아갈 수 있다. 항상 정처가 없다.

기애의 숙소는 강이 바라다보이는 쪽에서 한 블록 뒤쪽이었다.

재즈 페스티벌이 있어서 방 구하기가 어려웠었다.

강이 보이는 곳은 방은 No Vacancy.

쓸쓸한 반대편 거리를 헤매다 구한 숙소는 널찍하고 잘 꾸며져 조용하고 편리했다.

강 쪽이 축제 전야의 농염한 아지랑이 같은 소음이 들린다면 이 건너편 거리는 어둠이 사라락 내려앉는 소리가 들린다.

그늘은 춥고 햇볕은 따가운 아열대 기후가 잘 맞지 않는지 기애는 이곳에 온 후로 늘 감기몸살에 시달렸다.

그녀의 방에 들어서면 한약을 달이는 냄새가 났다. 브리스번의 고모가 중국인 한의원에서 지어 보낸 것이다. 약탕기와 삼베보자기 그리고 약을 짜는 막대기까지 놓여 있다.

가토는 그 냄새를 훅 하고 들이마시며 기분이 좋다고 한다.

재즈 페스티벌이 열리고 있어 강 쪽에서 폭죽이 터지고 트럼펫 소리가 들렸다. 어찌나 청명하게 들리는지 무슨 곡인가 하고 저절로 귀를 기울이게 된다.

처음에는 알페지오로 모든 마이너 음계를 훑어 내리더니 잠시 한숨 쉬듯 하고 천천히, 아다지오로 트럼펫 주자의 모든 한숨을 쓸어내듯이.

하이든의 트럼펫 협주곡.

기애는 플루트 전공이다. 귀에서 항상 플루트 소리가 들리는 것 같은 증상 때문에 중간에 때려 치웠지만.

그녀는 가토를 위해 차를 끓이며 트럼펫 소리를 따라 휘파람도 불었다.

가토는 건너편 방 침대에 잠깐 눈을 붙인다더니 곯아떨어졌다. 그는 마치 게이 친구처럼 기애에게 편안한 존재다. 남녀간에 섹스도 없고 알력도 없는 서로가 평안을 주는 존재들이다.

침대 위에 엎드려서 저녁이 그윽하도록 가토가 깨어나기를 기다렸다.

이유도 없이 눈물이 앞을 가린다. 그래도 눈물이 난다는 것은 상태가 괜찮다는 뜻이다.

약물 치료를 위해 복용하고 있는 바리움의 작용인지 메말라버렸던 눈물샘이 약효가 없어지면서 주체 없이 흘러내리는 것일까. 특별한 감정의 변화 없이도 눈물이 저 혼자 주르르 흐르는 것이다.

산 사람은 산다.

비바람이 때 아니게 부는 날, 외삼촌의 장례식을 치렀다.

외삼촌은 실종된 지 일주일 만에 한강에서 떠올랐다.

기애는 그 숙부의 갸름하고 선병질적인 얼굴을 떠올렸다.

자살 시도는 이미 두 번째였다

총각 시절에 한 번, 나이 많은 첼리스트에게 실연을 당하고 난 뒤였고 그리고 그 이후로 결혼하여 잘 사는 것 같았다.

그러나 한 번 상처는 그렇게도 깊은 것이었을까…. 아마도 외가 쪽의 유전적 기질인지. 삶에 대해 투쟁적인 친가 쪽에 비해 어머니부터 유약하고 비관적이기 그지없는 성향들이다.

기애 자신도 여고 시절 젊은 계모에게 타격을 주고 싶어 손목을 그은 적이 있잖은가.

그때 계모는 "그 정도로 죽겠냐?"라고 말했다.

장례식은 충청도에 있는 어머니가 다니고 있는 영주사에서 치러졌다.

외숙부의 아내와 외아들이 서 있는 모습이 처량하고 가련했지만 아무래도 외숙모의 검정 베일은 오히려 지나치게 화려해서 모인 사람들의 눈총을 샀다.

그들이 슬퍼하고 있지 않다고 기애는 생각했다.

기애는 장례식이 끝나고 혼자 차를 몰고 먼저 떠나왔다. 조그만 도심의 로터리를 도는데 약간 현기증이 느껴져 자동차를 길가에 세워 놓고 눈에 띄는 다방으로 들어가 커피를 주문해 놓고 의자에 기대 눈을 감고 머릿속을 정리하려 했다. 다방은 의외로 소란스러웠다.

그녀가 보기엔 중년의 남자들이 턱없이 화장을 뒤집어 쓴 나이도 모르겠는 레지들 하고 놀고 있었다. 석유난로를 끼고 옆 자리의 낯선 손님들 정도는 아랑곳도 하지 않고 음탕하고 싶어 죽겠는 눈치다.

기애는 타인을 의식하지 않고 공간을 독점하는 매너는 싫다.

밥 먹는 곳에서, 찻집에서, 길거리에서, 어디서나 잘들 그러잖은가.

한국은 어느 곳, 어느 장소나 단숨에 매춘이라도 할 것 같은 분위기를 만드는 게 아닌가 싶을 정도로 무례하다.

기애는 찻잔을 확 뒤집어 놓고 그곳을 나왔다.

이발소, 인삼 찻집, 다방, 안마시술소, 심지어 가정집 안방까지….

남편을 잃은 외숙모가 인조 속눈썹까지 달았던 기억이 씁쓸하다.

슬픔이 없는 장례식.

그가 가버림으로써 친족들은 머릿속에 손익을 계산하느라 바쁠 것이다.

다만 무표정 속에 홀로 생각에 잠긴 아직 고교생인 사촌 아이가 맘속에 끼였다.

서울로 돌아오는 길은 약 10킬로미터 정도가 참 아름다웠다.

나지막한 절벽 아래로 강물이 잔잔히 흐르고 은사시나무 숲이 비 바람에 몸을 흔들며 우는 듯했다.

거기서 꼬부라지는 길목 하나에 비탄이라는 마을 지명이 쓰인 이정표가 서 있다.

비탄悲嘆이라는 지명이 마음에 남았고 자기 영혼도 비탄하다고 생각했다.

대부분의 안일한 사람들 속에 자기네처럼 소수의 무리들은 지니고 있는 선천적 혹은 선험적 유약함, 혹은 결함, 삶에 대한 공포감 등을 숨기고 천연덕스럽게 살아가야 하고 이들의 고통과 괴로움은 그들끼리만 알 뿐이다.

아름답지만 비탄悲嘆한 숲길을 빠져나오면 바로 인터체인지.

서울로.

유일한 친구 현미의 시어머니는 항상 골이 아팠다 한다. 꾀병인 줄 알았다나. 그래서 병원엘 가서 골 촬영을 했더니 뇌가 조금 찌그러졌다고 한다.

"뇌가 찌그러져? 아니 왜?"

"생각을…. 생각을 너무 많이 해서 그렇다더라. 웃기지?"

"아니, 안 웃겨…."

이건 분명히 기애의 신경질적인 대답이었다.

"생각을 너무 많이 한다는 것은 신경을 많이 쓴다는 말 아니겠어? 신경을 많이 쓰면 뇌가 찌그러진다는 말이잖아? 그렇다면 나야말로 엄청 찌그러졌겠다!"

그랬더니 현미가 넌 무슨 말을 매일 꼬아서 하니? 하고 화를 냈다.

자주자주 골이 아픈 건 그 찌그러진 부분이 삐걱거리는 것일까?

I who have nothing.
넋 놓고 노래를 흥얼거린다.

그래, 아무것도 없다.
가슴속도 제대로 아물지 않았을 소녀기의 감수성을 푸른 물 잦아들 듯 물들이던 노래 아닌가. 세월이 아무리 흐르고 또 흘러도 푸르게 물들었던 모든 것들은 잉크가 쏟아져 마른 자리처럼 꼬깃거린다 할지라도 흔적들은 절대로 지워지지 않는 거다.
사람들은 서로를 단숨에 버리는 연습도 해야 해.
서로 간에 아무것도 아니어야 돼.
그러니까 서로가 어떤 존재인지 정리해 둘 필요가 있지 않겠어.
나팔 소리는 이제 들리지 않는다.
여기는 여름이라지만 밤에 쌀쌀하다. 스웨터를 걸치고 어두운 밤 속으로 나서 본다. 몇 발자국 어디까지 걸어보다가 무서움에 쫓겨 들어올지 그녀도 모른다.
하지만 길 위에 가만히 서 있는 것도 그녀로서는 대단한 일이다. 길가에 나서는 일조차 숨이 막혀 다락방에서 하루 종일 버티던 날들도 있었으니까.
한참 옛날에 명혜라는 이름의 지인知人과의 대화가 생각난다.

기애 : 구의동 가자는데 운전사가 깊숙한 숲을 낀 낯선 길로 달리기 시작하는 거야. 나는 처음 보는 길이더라고. 택시 운전사들의 횡포, 내지는 범죄라는 말이 횡행하기 시작하던 시기잖아? 만약에…, 만약에 저 과묵한 운전사가 나를 공격한다면 어떡하나…. 문을 열고 뛰어내리나…, 무기가 뭐 없나…, 오늘 따라 구두 굽도 낮아 쓸모가 없구나…. 아아,

불안하닷! 불안하닷! 그러는 사이에 택시는 어느덧 환한 네거리로 나서더라고. 익히 아는 네온들이 반짝거리는 익숙한 네거리로 나서니까 그저 운전만 단순히 해 준 그 사람이 천사처럼 보이더라고…. 그는 다만 지름길로 왔을 뿐이었지.

명혜 : 그랬어? 참 이상타…. 나는 한 번도 그런 일로 불안한 적이 없는데. 하나님이 나를 지켜주신다 하고 생각하면 불안한 거 하나도 없더라고….

기애 : (재 바보 아냐?) — 속으로 명혜를 흉보았다.

이게 이십 년 전의 대화다.

명혜는 그 믿음대로 목사 부인이 됐는데 눈이 동그랗고 쪼그만 남편이 잘 말해주면 페미니스트요, 있는 그대로 말한다면 바람둥이 기질이라 명혜는 얼굴이 반쪽이 되어서 심각한 의부증에 시달렸다. 명혜가 심각하게 시달리는 걸 보고 왜 하나님은 명혜를 구원하지 않는가…. 하필 의부증에 시달려 가슴을 떨게 할까? 라는 의문을 가졌었다.

(그녀는 남편의 행태를 원망하지 않고 남편을 유혹한다고 믿는 여러 명의 여자들을 수배해 놓고 감시했다).

어떤 여자가 미니스커트를 입고 오면,

'저것이 무릎을 다 내놓고 내 남편을 꼬시는구나…. 다 안다, 다 알아…. 저 앙큼한 것이 어젯밤에 집으로 전화한 거야…. 목소리가 똑같다고'라든지.

사람은 참 어리석다.

명혜의 미남이 푹 늙어서 허연 머리를 해 갖고 케이블로 뜨는 기독교방송에서 칼뱅의 예정론이 어쩌고저쩌고 강요하는 걸 잠깐 본

적이 있다.

기애는 그 부부의 밀고 당김이 아직도 계속되리라 생각한다.

머리만 허예졌지 얼굴이 동안童顔인 그 남편은 여전히 바람기를 풀풀 풍겼기 때문이다. 아마도 명혜는 아직도 의부증에 시달리고 있을 것 같다. 배반의 입맞춤은 세월이 간다고 사라지는 건 아니라고 보니까.

기애는 너무 어릴 적부터 정신과 약물치료를 받은 탓인지 정상적 생활에 대단히 서툴렀다.

처녀 적, 중요하지도 않고 너무나 실없던 연애에 실패하고 나서 마치 바람 들어 어디에도 머무를 수 없는 집시여자처럼 제멋대로 살았다.

"너는 부르주아 계급의 돼지일 뿐이야."

자다가 뺨 맞듯 기애는 어처구니없게도 새로운 사상에 열렬히 심취하기 시작했던 애인 창우에게서 그 말과 함께 버림을 받았다.

창우는 그야말로 스스로가 멋진 투사로서 해야 할 짓을 한 것이라고 의기양양했다. 80년대의 유행병 같았던 마르크시즘은 창우에게서 뜨거운 연애의 정열을 앗아갔었나 보다.

첫사랑이라 믿었던 창우. 그리고 추운 겨울 길을 프롤레타리아일 조그만 여자아이 어깨를 껴안고 사라져 간 실없는 창우.

그녀만 빼놓고 모두들 제 갈 길로 잘 갔다.

복수! 때때로 가슴이 찢어지듯 아픈 것은 기애가 그들에게 복수를 못함이리라.

사라져 주면 좋을 그것이 시들은 분노로 남아있다.

새어머니는 여전히 기세등등하게 살아있고 창우는 바람결에도 소식을 들은 적이 없다. 죽었는지도 모르겠다. 군사독재 물러가라고 자기 몸에 불을 붙이고 옥상에서 떨어졌는지도 모른다.

모두들 무엇엔가 사로잡혀 그 영혼들이 갈 바를 모르고 방황하고 있다는 것을 기애는 알았다.

어느 날, 하릴없이 도서관 뒤쪽 숲을 거니는데 성악과 조교 정과 피아노전공 3학년 장선옥이 서로 껴안고 울고부는 것을 목격했다. 정은 유부남이었으니 그들이 껴안고 몸부림치는 사연이 무엇인지는 말 안 해도 뻔하고 진부하다.

장은 조용조용한 걸음걸이에 꽤 예쁜 얼굴의 경상도 여자애였다. 장은 기애에게 너무 짧은 스커트를 입지 말라는 둥 강의시간에 늦지 말라는 둥 잔소리를 하던 선배였다. 장은 기애보다 2년 선배였는데 노상 조용한 얼굴로 기애에게 잔소리를 해댔다.

…뾰루지가 난 얼굴에 분을 바르지 말라든가, 치마 길이도 너무 짧다든가….

다른 건 다 그렇다 치고 치마 길이라든지 남학생들의 입에 오르내리지 말라는 등의 충고는 가소롭기 그지없지 않은가. 왜냐하면 그러면 유부남과의 불륜이라도 감쪽같이 조용히 해치우면 되는 건 아니지 않는가?

누추하고 남루하고 빌어먹게도 쩨쩨하게 2년을 보내는 동안 기애는 본래 청춘은 휘황하게 빛난다는 사실조차 잊어버렸다.

기애는 또 한 번의 자살 기도를 한 후 미국으로 떠났다.

지나간 것은 다 아름답다고? 그렇지 않다.

나름대로 아주 끈질기게 살아온 거지. 숨이 막혔는데.

기애 스스로 항상 정신적 약자라고 한탄하지만 사실은 그렇지 않을지도 모른다. 의외로 강한 사람인지도 모른다. 다만 이유 모를 죄의식, 혹은 이유가 있는 수치심. 그녀는 지나치게 결백한 거다.

이유도 없이 그녀는 그녀 자신이 너무너무 싫어서 거울 속에서 스스로와 눈을 마주치기도 싫을 때가 있다.

황무지에 장미꽃 피워 놓고도 자기 혼자 쓸모없는 인생이니 남루한 청춘이니 탄식하는 게 그녀 영혼의 취미인지도 모르지.

…….

집으로 돌아오는 길에 우편함을 들여다보았더니 엽서가 한 장 들어 있었다. 살아오면서 내내 오래된 다락 속 장마에 여러 번 말랐다 젖었다 하느라 굽어지고 누렇게 변한 낡은 책장 하나 찢어져 있듯이.

손을 깊숙이 집어넣다가 철제 덮개에 손등이 조금 긁혔다.

헤어진 남편에게서다. 잠시 동안의 결혼생활은 기애에게 성폭행을 당하고 있다는 병적거부감을 일으켰다. 헤어지고 나서 얼마간 세월이 지난 후 그는 이런 식으로 기애에게 자꾸 접근하려 하였다. 기애는 골이 난다.

세상은 살아갈수록 새록새록 골이 나지 않는가.

사람들이 모두 자기 같지 않아서 또 골이 나고.

사람들이 비겁해서 두고두고 골나지 않는가.

나이가 들수록 너그러워지라고들 하지. 그녀 또한 그럴 수 있다고 마음속으로 장담하는데….

그런데 기애는 지금 엄청 심술쟁이가 되어가는 자의식이 든다. 게다가 혼자서 삐치기는 엄청 삐친다.

심술을 부리는 대상은 구체적으로 누구랄 것도 없는데 사람들의 삶 그 자체, 이 세상에 그녀 의사도 묻지 않은 채 던져버린 그 상황, 미지未知에 대한 심술이다.

어렸을 때 계모가 입혀 준 온통 레이스 달린 분홍 원피스를 밤중에 혼자 일어나 레이스를 오도독 오도독 뜯어버리다가 계모에게 뺨을 맞을 때의 공포감 같은 것일까.

계모에게 이끌려 그때부터 정신과를 들락거린 그녀다.

곰곰이 생각해보면 그녀가 스스로를 이토록 싫어하고 미워해야 하는 이유는 없다. 문제가 될 거라면 너무나 부잣집에 태어난 것, 아버지의 무수한 여인들과 함께 살아가야 했던 것, 그들 중 젊고 정 많던 여인 하나가 대들보에 목을 맸던 일.

아버지의 표현에 의하면 오직 내 사랑이라는 친어머니의 긴 정신과 입원으로 점철된 생.

잊어버려도 될 일들이 가슴에 켜켜이 쌓여 숨이 막히는 삶.

아니다. 어떤 사람들은 기애를 사랑하고 귀하게 여겨 주었다. 그건 모두 기억하고 싶지도 않고 단지 몇 개의 모욕감만은 고통의 가시관처럼 머리에 쑤셔 박혀 있다.

알 건 다 알고 잘 분석하기도 하고 일리도 있고 통찰력도 남다르면서 구순기口脣期적 집착에 빠져 있음을 스스로 구제할 수가 없다.

가토가 깨어나서 두 사람은 차를 마시고 재즈 페스티벌이 열리고 있는 장터에 갔다.

타호에서 처음 만났던 가토.

싼타모니카의 셋집에서 마리화나, 코카인으로 심신이 망가져 미국경찰에 연행되어 있을 때 뒤처리를 담당했던 아버지의 수석비서와 연못에 몸 던지듯 했던 결혼. 얼마 못가 이혼 수속이 끝난 후 기애는 곧바로 브리즈번으로 갔었다.

거기 고모집 지붕 밑 방에서 죽치고 아무와도 말을 나누지 않고 살았다.

어느 날 조카의 지구본을 빙빙 돌리다가 타호호수에 검지로 점을 딱 찍었다. 다만 그 이유 하나로 타호까지 갔다.

타호호수湖水, 호수의 물 깊이와 그 속을 알 수 없는 호수의 수심이 두려워 기애는 유람선의 뱃머리에 눈을 가리고 주저앉았다.

그런 물빛은 평생 본 적이 없다.

크고 장엄하고 암묵적이며 쏘는 듯 날카로운 카리스마를 지닌 지형들은 기애가 처한 무력한 영혼의 아픔을 위협했다.

타호의 모텔 이층방을 잡고 샤워를 막 끝내는데 비가, 장대비가 엄청나게 쏟아지기 시작했다.

좁은 차도에 모든 자동차들이 그 자리에 멈추어 선다.

자동차 지붕이 우그러지게 비가 엄청나다.

머리를 닦던 타월을 던져두고 밖으로 뛰어나갔다. 건너편 멕시코인의 가게에 고추 통조림을 사러 가는 것이다. 느닷없는 식욕이었다.

비가 억수로 오니까 미친 듯이 비를 맞고 뛰어갔다.

기애는 폭풍을 좋아한다.

그런 비는 생전 처음이었다.

맑고 훤한 낮에 기애는 거의 외출을 하지 않았다. 패배감이 느껴지기 때문이다. 정말이다. 아무도 그녀에게 안겨주지 않은 결정적 패배감을 그녀 스스로 만들어 맛보았다.

혼자 알약들을 삼킬 때는 더욱 그랬다.

비를 뒤집어쓰고 가게 안으로 들어가면서 막 나오고 있던 가토를 그때 만난 것이다.

비 때문에 정신없이 움직거리다 보니 사람들끼리 이리저리 부딪쳤는데 기애는 가토의 발에 걸려 넘어졌다.

가토(그때는 그냥 그 어떤 남자)는 눈빛이 선량하고 턱은 약간 세모꼴이지만 단단한 그런, 나이를 알 수 없는, 중년이기도 하고 청년이기도 하고 아주 늙기도 한 그런 상상의 인물과 똑같았다.

그냥 폭풍이라기보다도 더 큰 폭풍우가 호수를 엄청 흔들어대는지 타호 쪽에서 큰 물짐승이 우는 것 같은 소리가 마을을 흔들었다. 나무도 뽑히고 상가의 문짝들이 나가 너부러지고 시도 때도 알 수 없었다.

기애의 마음속에 야무지게 빗장 질러버린 조그만 문의 못 하나가 달각하고 비뚤어져서 헐거워졌다. 그러니까 닫긴 문이 비뚜름 아주 조금 열리는 거였다. 그래서 느닷없이 관능에 치받쳐 가토의 자동차 안에서 세계와 격리된 채 갈비뼈가 아프도록 사랑했다.

인생을 어찌 다 합리로 설명하랴만 꼭 설명하지 않는다고 누가 그녀를 다그치랴.

영혼이 흔들려야 육체도 흔들릴 수 있다. 찬란한 관능의 불꽃은 영혼에서 시작하는 것이다. 이혼한 남편이 가장 불만스러워했던 기애의 성적 거부감을 생각해 보면 분명히 그렇다.

그 폭풍 속의 정사가 그들의 처음이자 마지막인 남녀관계가 되었다.

가토는 기애의 비밀이 되었고, 때로는 그녀가 살아있음을 감사하는 존재가 되기도 했다.

이튿날 날씨는 눈부시게 개었지만 원래 요세미티까지 가려던 가토는 요세미티에 가지 못했다. 요세미티에 불이 나서 임시로 폐쇄되었다고 했다.

가토가 떠나지 않은 것이 기쁘기도 하고 몹시 마음 쓰이기도 했다. 그러나 가토와 기애의 운명은 전혀 필연적인 것이 아니었기에 언제든 서로 사라지고 헤어질 수 있어야 했다.

하루를 타호에서 더 지내고 카토는 교토로 갔고 기애는 브리즈번으로 돌아갔다.

거의 만날 수 없음에도 불구하고 기애는 그와 자기가 서로 그리워하리라 믿었다.

어느 해 겨울, 기애는 교토로 가서 그가 강사로 있는 여자 개방대학 근처에 있는 팬션에 머물고 있었다. 그곳의 2월은 따듯했다.

팬션의 창 밖으로 내다보이는 깨끗한 냇물에 오리 가족이 살고 있었는데 가토가 기애를 찾아오는 밤에는 둘이서 밖으로 나가 기린 맥주를 하나씩 천천히 마시면서 오리들이 저희끼리 깃을 파묻고 잠든 것을 보았고, 가토가 데리고 나온 덩치 큰 시베리안 허스키가 가토의 발밑에 쭈그리고 앉아 먼 허공을 응시하는 것을 무심히 바라보았다.

개가 낮게 날아가는 까마귀를 쫒아가니까 '이사무' 하고 나직이 부르던 가토는 어디서 온 사람일까?

조용해 보이고 좀 큰 키에 적당히 가슴이 넓고 선량한 눈빛에 미묘한 관능을 느끼게 하는, 모든 여인들이 탐낼 것 같은….

가토가 바로 그런 남자였다.

기애의 삶에서 여러 번의 시시껄렁한 연애가 없었던 건 아니지만 창수는 모욕감을, 장난처럼 어울러 다녔던 자동차 부속상의 아들 명현은 고칠 수 없는 나르시시스트였고, 야망이 커서 기애를 손안에 넣으려 하던 병진이라는 목사지망생은 기애네의 재산을 노리고 접근, 암묵적이고 비겁했기에 한 번도 만나보지 못한 이런 남자를 기애는 항상 꿈꾸어 왔었는지 몰랐다.

"까마귀가 엄청나게 크고 많아…."

"응" 하고 가토가 대답했다.

기애와 그는 영어와 일본어를 섞어서 썼다. 가토는 영어를 잘 구사했다.

멕시코 여자가 울긋불긋한 천을 팔에 가득 두르고 그들 앞으로

쑥 내밀어 보였다. 그녀의 발목에서 방울 소리가 났다.

기애는 그의 곁으로 조금 당겨 앉았다.

이 세상 그 누구보다도 그가 지금 그녀 가까이 있으니까 정다웠다.

노을이 지느라 강물이 빨갛고 멕시코 여가수가 노래를 시작한다.

순식간에 해가 지니까 마음이 차분해지면서 기분이 차츰 좋아지기 시작했다.

엉겅퀴 같은 머리카락을 허리까지 길게 늘어뜨린 여가수가 탬버린을 흔들며 치맛자락 아래로 살짝살짝 맨발을 드러내 보이는데 가슴이 파악 무너지는 것이, 하릴없이 눈물이 고이는 것이… 아아, 가슴이 녹아버리는 듯 슬프고 아름다웠다.

가토가 생맥주를 두 잔 가져와서 한 잔을 기애에게 건네주었다.

이 세상에서 그때 그 순간 그만큼 자기와 가까운 사람은 없다고 느꼈다.

무슨 합리 논리야….

앞뒤 틀린 말이 얼마나 많은데. 그 역설과 모순이 얼마나 가슴을 치는데.

밤이 되어 기온이 싸늘해지니까 마른 장작더미에 불을 붙이고 갈 곳이 없는 사람들이, 혹은 술을 너무 많이 마신 사람들이, 다양한 인종의 연인들이, 장사를 파한 집시들이 트럼펫 불던 소년이 불을 둘러앉아 제각각 사연에 사로잡혀 우두커니 무릎에 고개를 묻고 새벽이 될 때까지, 장작불이 꺼질 때까지 그곳에 머물렀다.

머리를 레게로 땋은 백인 남자가 약에 취해 창고 벽에 기대 있었다. 그의 뺨으로 눈물 한 줄기가 천천히 흘러내렸다.

이른 새벽에 설핏 잠들었다 일어나서 추위를 몹시 느꼈기에 카토와 기애는 모텔로 돌아갔다. 그들은 선명하게 방을 따로 쓰고 잘 자라고 서로 인사했다.

그가 게이 친구처럼 편하다고 기애는 생각했다.

그들 사이의 관능은 이미 끝났다.

그리고 아침인지 낮인지 퍼뜩 퍼뜩 잔꿈을 꾸며 약을 먹지 않았는데….

나, 지금 자고 있잖아? 그런가? 저런가? 하는 무수한 상념을 번갈아 떠올리면서 자다 말다 자다 말다 일어났더니 정오가 되어 있었다.

전화벨이 울려서 받았더니 가토가 이미 밖으로 나와서 아문디에 다녀오겠다고 한다. 하시시 한 봉지를 침대 시트 속에 넣어 두었단다.

기애는 뭔지 모르게 울먹한다.

"다시 올 거지?"

가토는 "응" 하고 대답했다.

울먹이는 심정으로 부탁하고 기애는 침대에 웅크리고 앉았다.

가토는 갔구나…. 혼자 갔구나…. 허긴 뭐, 내가 필요했겠나. 젊어 예쁘길 하나 늙어가며 장터를 기웃거리는 이국 여자가 뭐 중요하겠는가.

베개가 촉촉하도록 눈물을 흘렸다.

이마에 가짜 보석을 박은 인도메이드가 방을 청소하겠느냐고 해서 청소는 냅두라고 말했다.

그녀는 고양이처럼 코를 킁킁거리며 방 안에서 나는 냄새가 무언지 알아보려는 시늉을 했지만 '돈 디스터브 미'라고 잘라 말했더니 우는 소리같이 작고 가느다랗게 '예에에스…' 그러더니 얼른 문을 닫고 가버렸다. 그녀가 끄는 청소함 바퀴 소리가 복도 저 멀리로 사라졌다.

기애는 침대 위에 몸을 다시 던지고 발작적으로 입이 째지게 웃기 시작했다.

웃다가 운다는 말이 맞다. 아무런 이유도 없다.

기애는 가토가 두고 간 하시시를 꼭 피우고 싶지는 않다. 그러나 가토를 생각하면서 연기를 폴폴 날리고 싶기도 하다. 꼭 한 번 그게 뭔지 어떤 건지는 알고 싶다. 가토의 몸에서 풍기는 그 매캐한 연기 냄새를 맡고 싶다.

기애는 마약류의 엄청난 위력을 안다.

왜냐하면 기애가 지치고 힘들 때 링거를 맞으러 가면 주치의가 그녀의 왼쪽 팔뚝에서 굵은 정맥을 찾아내느라 거의 그녀 가슴 위로 머리를 드민다. 그는 곱슬머리다. 머리 손질하는 데 신경을 안 쓴 것 같은 날 그는 자기 병원에서 가장 증상이 심한 환자처럼 보인다.

얼굴만 예쁘고 착하기만 한 간호사는 죄 지은 듯이 그 옆에 두 손을 모으고 서 있다. 솜씨가 서툴러서 그녀는 기애의 정맥을 제대로 찾아내지 못한다. 기애의 정맥은 너무나 여러 번 괴롭힘을 당했으므로 이젠 지가 알아 숨어버린다. 그러나 결국 그것은 황 박사의 손에 잡히고 바늘에 찔리고 만다.

닥터 황은 링거에 조그마한 앰풀 안정제를 처방해 주었는데 처음에는 실핏줄이 찢어지는 것 같은 아픔밖에 느끼지 못했는데 한 번 두 번 더듬어 가면서 그 통증과 함께 웬 아련한 편안함이 뇌리 속으로 푸욱 들어와 가슴이 아지랑이에 쌓이듯 녹아내리고 그 약물은 냄새조차 달콤했다. 그리고 퓨즈가 딱 끊기고 그녀는 잠이 들었다.

진짜로 죽음 같은 잠이었다.

자기가 어디로 갔다 왔는지 그 얼마간에 그녀의 영혼은 제 할 일을 놓아버리는 것 같았다. 그리고 그녀는 어떤 세계, 전혀 모르는 시간으로 던져진다. 그것이 그녀의 짧고도 달콤한 평안을 거의 1년 동안 선물해 주었다.

1년이 지나자 그것은 전처럼 피부를 찌르는 듯한 통증도 둔해지고 그 통증을 보상하는 평화도 줄어들었다. 이른 바 내성耐性이다. 그래서 주사는 끊자, 하고 끊었으나 그러한 약물들의 내성문제만 해결된다면 그야말로 신의 명약名藥이 아니겠는가. 아쉽고 불행했다.

얼마 되지 않아 약물은 점점 효력을 잃어가고 그 정도의 적은 양으로는 그녀에게 평화를 가져다 줄 수 없다는 것을 깨달았다.

그러나 그 경험으로 인하여 기애는 약물을 갈구하게 되고 그렇게도 편안하게 암흑 속으로 사라지는 경험을 하기 위하여 마약을 구하기 위해 혈안이 되었던 것이다.

그런 금단의 약물들이 왜 어떤 사람들에게는 필수적으로 필요한 연기가 되고 수정알이 와싹 바스라져버린 것 같은 아름다운 알갱이들이 그들을 황폐화 시키면서도 그다지도 마력적인지….

더러운 긴 머리털을 질끈 묶고 오로지 약을 찾아서 공원을 떠돌아다니는 사람들을 보면 기애는 최후로 남은 보루가 있다라고 생각한다.

망하기로 작정해버린 용기가 가상해 정말.

목사의 안수기도로도 안 되고, 격렬한 노조 운동에도 심드렁, 의사와의 면담도 별로 아니고 오직 그녀가 견디어 나갈 수 있는 것은 몇 알의 약이었다.

모자를 깊게 눌러쓰고 모텔 뒤쪽의 만灣을 향해 걸어갔다.

코언저리에 햇빛에 데워져서 껍질이 벗겨지고 술 먹은 사람처럼 벌겋게 얼룩이 진다. 얼룩진 얼굴이 자기가 보기에도 정신이 없어서 모자를 깊이 눌러쓰고 바람에 날아가지 않도록 머플러로 둘러맸다. 얼굴에 메이크업 하지 않고도 노파처럼 살아가는 나날이다.

누가 자기를 알며 누가 자기를 쳐다보겠는가. 누가 자기에게 반하며 그 누구에게 반한다 한들 무슨 소용이 있겠는가.

모든 역사가 그녀를 비켜 가는 거다.

기애는 몸통 작은 둥근 벌레처럼 벌벌 기어가고 있는 기분이다.

아무도 무엇을 요구하지 않고, 다만 돈을 내고 최소한의 필요를 사고, 이리저리 정처 없이 걷고, 하루 종일 쓸쓸해 한다.

밤에 잠들기 전 약물과의 전쟁이 시작되는데 아무튼 몸이 피곤하면 잠이 저절로 온다는데 이건 아니다. 절대로 그렇지 않다. 크레솔로 두개골을 싹싹 씻어 낸 것처럼 오싹한 불면이 잠자려고 잠 좀 자려고 기를 쓰는 그녀에게 냉소를 짓는다.

사람들은 절대로 혼자 어디로 가서 견디지 못할 거라고 했고 사실 견디기도 어렵다. 온몸에 개미핥기들이 버슬버슬 기는 것 같기도 하다.

약물을 끊은 지 한 달 하고 며칠 지났는데 울음통이 터질 것 같다.

병원으로 돌아가야 하나….

적어도 마음속에 아무 갈등 없이 속절없이 대체요법을 받으며 머릿속을 비우는 일, 그것이 더 유리한가. 카터로 손목을 깊이 누를 때의 깊은 슬픔도 생각난다.

기애는 자살의 충동에서 힘써 도망친다.

기애는 아무와도 말하기 싫고 움직이기도 싫었다. 숨겨 놓은 약물을 삼키고 다만 주어진 의무만 꼭 그만큼만 움직거리고 싶었다.

착한 재미있는, 또는 무디moody한 인물이 아닌 차갑고 쌀쌀하고 말붙이기 싫은 그런 인물로 살아가야 한다고 생각했다. 하지만 그런 식으로 산다는 것도 쉬운 일은 아니다.

죽음에 대한 일말의 두려움이 기애를 완전히 망가질 수 없게 했다. 그럴 만큼 기애는 용기가 없는 건지 모른다.

밤 한 시에 일어나 물 한 잔에 약 다섯 알을 어쩔 수 없이 삼키고 또 잤다. 분루忿淚를 삼킨다.

기애와 같은 성격을 히스테리형型이라 한다.

자기애, 주인공 의식, 의지박약, 타인의 시선 끌기, 박수 받기, 외모를 꾸미기, 심한 죄책감, 이중적 잣대, 가차 없는 배반 등이 특징이라고 한다.

새벽에 몸이 아팠다. 어딘지 어떻게인지 모르게 아팠다. 피돌기가 잘못된 것처럼 아팠다.

그래도 잠은 다시 자기 시작했는지 눈을 뜨니 아침이다.

침울해졌다.

눈자위에 눈물이 고여 있었다. 자기가 늙어가는 미숙아처럼 느껴졌다. 나이가 들면 들수록 무섭고 외롭고 짜증나고 가파르다.

◆서울에서 있었던 일

조그만 마요마로 인해서 적출되어버린 빈 자궁 때문에 기애 자신을 비굴하게 구부리고 들어가고 싶지 않다.

그때 기애는 혹독한 공황장애에 시달리고 있었는데 발작적으로 서른 몇의 나이에 미련 없이 자궁을 적출해버렸다. 그 혹으로 인해 죽고 싶지는 않았다. 죽을 혹은 아니라고 의사가 누누이 말해도 기애는 공포감을 버리지 못했다.

그 공포감은 여자로서의 자부심이고 무어고 혹이라는데 일단 잘라내야 살겠다 싶었다.

사실 기애는 자궁절제 이후로 성에 대해서 최후의 꼬랑지 같은 관심만 남게 되었다. 이건 수술 탓만은 아니고 항우울제의 부작용 때문이기도 했을 것이다.

자궁을 떼어버리고 나서 항상 배가 불룩했는데 그것은 주먹만하지만 강렬한 수축력이 있는 기관이 없어진 것으로 내장들이 산란하게 흐트러져 버렸을 것이다.

느닷없이 남편이 이혼을 요구하면서 내세운 이유가 바로 기애의 자궁절제로 인해 기애를 여자로 느끼지 못한다는 것, 또 하나는 기애의 성적거부감을 이유로 들었다.

남편은 기애가 관계를 가질 때마다 비시시 웃는다고 주장했다. 심지어는 낄낄 웃는다고 했다. 그러니 자기는 도저히 기애와 살아갈 수 없노라고 했다.

재판부가 그것을 아주 의미 있게 받아들였고 기애 자신도 별다른 저항을 하지 않았으므로 그들의 이혼은 남편에게 억대의 위자료를 주고서 끝났다.

그 다음 남편이 행복해지지 않은 것을 기애는 안다. 관계를 가질 때 웃지도 않고 낄낄대지도 않는 멀쩡한 자궁을 갖은 원기 왕성한 젊은 애와 살기 시작했지만 결국은 빈털터리가 되고 젊은 애는 가버리고 그리고 기애도 놓친 꼴이 된 것이다. 그래서인지 남편은 가끔 기애에게 편지를 보내고 전화를 걸곤 했다.

그도 한낮 대책 없이 늙어가는 남자라는 점에서 기애는 그를 불쌍하게 생각하긴 했지만 그렇다고 자기더러 어쩌라는 거냐! 라고 골이 났다.

그녀는 엽서를 반으로 쭉 찢어 던져버린다.

기애는 먹을거리 조금을 사고 숲에 1시간쯤 앉아서 자그만 소리로 베티 미들러의 'ROSE'를 반복해 불렀다. 노랫소리가 자작나무

가득한 숲 속으로 날아가 새처럼 나뭇가지에 앉았다. 기애는 목소리가 어여뻤다. 플루트 실력보다 노래 실력이 낫다고들도 했다. 뭐 그런 것들이 무슨 의미가 있으랴만 모두가 지나간 일이다.

갓 구운 빵은 다 정제되지 않은 호밀덩어리가 꾸득꾸득 씹혔다.

먹으면서 그녀는 가토가 두고 간 조그만 가죽주머니에서 주머니 끈을 풀고 갈색의 가루를 한 줌 쥐어 노랗게 변색된 종이 위에 놓고 가늘게 말았다.

라이터를 켜 불을 붙였다. 캑 하고 기침을 했으나 의외로 연기는 순하게 목구멍을 타고 내려가다가 서서히 머릿골 속의 길을 따라 따듯한 느낌으로 상승하기 시작했다. 코코넛 냄새 같은 독한 냄새가 입 안을 화아하게 덥혔다.

가토의 곁에 가서 잠시 머무르면 코코넛 알갱이를 태우고 난 뒤의 아릿한 연기 냄새가 났던 이유가 바로 이거로구나.

기애는 두 모금 째 들이마셨다. 이번에는 숨이 멎을 정도로 기침을 했다. 그러면서도 기애는 포기하지 않고 타들어가는 불꽃을 묵묵히 바라보면서 하시시를 피웠다.

술, 마리화나, 진통제, 다이아제팜…, 모든 약물, 그리고 심지어 일중독, 도박, 섹스중독까지 유전적(무엇엔가 의존하지 않으면 못 견디는) 선험적 기질이 있는 사람들만이 그것에 의존하게끔 운명 지워진 것이라는 주장을 여러 미디어를 통해서 듣고 읽은 적이 있다. 물론 우연한 경로처럼 중독이나 의존의 양상이 있는 것처럼 보이기도 하나 어쨌든….

기애는 뚜렷한 신체적 환각은 없고 오히려 가슴 조이며 몽롱해지는 것 같은 느낌을 받았다.

서울에 있을 적에 기애는 혼자 집에 남아 있게 되는 어스름 저녁에 돌연 간절히 담배가 피우고 싶었던 적이 있다.

정량으로는 안심되지 않아 두 배 세 배의 약물을 삼켜야 하는 신세가 고달파서 차라리 담배를 피우는 게 낫지 않을까 했던 것이다.

그러니까 기애 스스로 생각해보건대 무엇으로부터 혼자 남겨질 것에 대한 별리공포, 도무지 모르겠는 저 근원적인 겁에 대한 대응을 약물로 다스려야 하는 운명을 타고난 것이 아닐까.

그 대신 '담배를 피우겠어…' 하자 남편이 도저히 이해 못하겠다는 얼굴로 '웃기네…' 그랬었어.

그래 웃긴다! 어쩔래!

기애는 그 영원한 숙적, 도저히 그녀를 눈곱만큼도 이해 못하는 영원한 자기의 숙적을 괴로움에 가득 차서 쳐다보았지. 그야말로 적과의 동침이었다.

기애는 결국 혼자서 엄청 깨지는 것이 인생이구나!를 깨달았다.

하시시는 골이 어지럽긴 했지만 기애를 현실 곁에서 둥둥 띄우듯 날아가는 양탄자가 서서히 움직이듯이 그녀의 영혼을 희미하게 흐릿하게 깨어진 부분을 스르르 만지면서 소파에 편안히 누워 잠을 자게 했다.

내가 자는구나.

그 어느 때보다 육신이 편하게 잠들어 둥둥 떠다니는구나.

둥근 터널의 끝이 환하다.

그리로 굴러갔다가 다시 돌아오고 다시 한 번 굴러갈 때 동굴은 입구는 보랏빛이고 그녀는 서슴없이 빠른 속도로 굴러간다.

죽는구나. 죽자…. 이거라면 무엇이 두려운가….

배짱이 두둑해지고 마음도 평화로워졌다. 그리고 까맣게 기애의 의식은 사라진다. 행운이 찾아와 준다면 그렇게 죽을 수도 있겠지만 불행하게도 하시시는 기애를 죽이지 못했다.

두개골 저 뒤쪽에 모락모락 무슨 안개가 지피고 있는 것 같다. 두통과는 또 다른 애매한 몽롱함을 느낀다.

비틀거리며 가토가 쓰던 방에 가보았다. 그는 자기 쓰던 방을 말짱하게 치웠다. 그가 여기 왔다 갔다는 것이 꿈이 아니었나 싶었다.

기애에게 거의 메말라버린 여자로서의 감성이 부스스 눈을 떠보는 계기가 됐지. 그러나 가토와는 가벼운 키스, 따뜻한 애무 정도의 욕구만 생겼었다.

적어도 그 정도라면….

다 식어버린 불꽃이 사그라져도 아직 따스한 재로 덮여 있듯이 섹스에 대한 무관심은 조그만 불편이었다. 사람들은 그것이 가장 원초적 인간관계의 주요 포인트라고 보는듯한데 기애에게는 오히려 알약 한 알이 더욱 중요했다.

그녀에게 필요한 사람은 중성의 사람, 혹은 결벽증을 갖은 호모다.

저녁 무렵 비틀거리는 걸음걸이로 기애는 바다로 나간다.

거기 모래 위에 주저앉아 그녀 자신의 비열함을 담대하지 못함을 두려움에 찌들어 사는 그녀 자신을 실컷 미워하고 울었다.

우리 모두는 언젠가는 다 죽는다. 그러나 지금 이 순간 삶의 질에 지대한 영향을 미치는 생물학적 세상을 살고 있는 것 역시 분명한 사실이다.

강한 정신력 운운하는 사람들이 기애는 가장 싫다.

그렇게 죽어라고 버티며 고통스럽게 이겨내는 것이 삶의 질에 있어서 훌륭한 것인가.

그녀야 울든 말든 바다는 높이 파도를 들어올려 쓰러뜨리고 만다.

말, 말, 말들!
처음에는 그가 주절거리고 이제는 당신이 그러는군.
그것이 당신이 할 수 있는 전부인가?

기애는 말이 싫다.

이튿날.
하비 베이의 도심을 빠르게 걸어가는 가토를 보았다.
아직도 살아있음이 서늘한 가을 기온처럼 가슴을 욱신거리게 했다.
이러다 반드시 울 거다.
가토가 걸어간 반대편 거리로 곧장 갔더니 이태리 음식점이 있는데 거기서 그야말로 이름 모를 밀죽을 먹었다.
기애답지 않고 전혀 그녀다울 필요가 없는 일들을 하거나 동작을 한다.
왼쪽 사랑니가 쑤시고 올라와서 잇몸을 헐뜯는다.
바다가 저렇게 무시무시하게 푸르다.
그래도 사람이라고 사는데 어찌 이렇게 황량할 수가 있는가.
도대체 어떻게.

가토는 돌아올까?
서로 가만히 어루만져 보면서 참으로 이것이 무엇인지 골똘히 생각했으나 그도 그녀도 거기에 대한 마땅한 결론이 없었다.
단지 그의 가슴살이 거의 말라가고 한때는 단단했을 모든 근육이 쓰러져 가고 있다는 느낌이 분명했다. 가토도 죽어가고 있는 것이다. 그에게서는 항상 건조한 연기 냄새가 났는데 그것이 죽음의 냄새일까?

누사는 겨울엔 방 값이 싸서 큰 거실과 두 개의 방이 있는 궁궐 같은 모텔이 일주일에 180불이다. 한 달로 계산하면 더 싸게도 해준다.

누사에서는 웬일인지 마음이 놓인다. 브리즈번에서는 고모의 간섭이 심하고 일요일마다 반드시 참석해야 하는 한인교회의 예배는 기애에게 괴로움이었다.

이곳에서 세 개의 자물쇠를 잠그고 나면 아무와도 만나지 않아도 되고, 음식물이나 무엇을 조금 사다가 혼자 조용히 최소한의 식사를 할 수 있기 때문이다.

한 개의 사과와 밀빵, 저지방 우유를 마신다. 얇게 저민 햄을 구워 먹기도 한다. 경건하게 식사를 마치고 별로 치울 것이 없는 식탁을 정리하고 행주를 빨아서 햇빛이 누워 있는 베란다 구석에 넌다.

기립성 현기증이 있어 일어나려다 문지방을 잡고 기둥에 얼굴을 기대고 별들이 타닥타닥, 유리 파편이 퍽퍽 터지는 것을 감은 눈 속에서 엄연히 본다.

이러한 모습의 나날들이 금간 영혼의 눈물 같으나 결국은 오래 꿈꾸어 오던 무엇 무엇으로부터의 단절이며 고요한 휴식 아니겠는가.

사람들은 미래에 대한 꿈을 꾼다지만 그 꿈을 이룬 사람이라 할지라도 과연 그것이 순수의 시절부터 꾸어온 그것과 동일한가.

문득 기애의 휴대폰이 울렸다. 음악사를 지도하던 K교수였다.

노년을 쓸쓸히 지내고 있다던 K교수.

"한 번 보자꾸나."

그래서 어느 금요일 기애는 시드니로 날아갔다.

노老사부는 대책 없이 늙어 있었다.

기애가 신입생이었던 시기에 그는 40대의 중후한 멋을 풍기는 E여대인들의 사모思慕 대상이며 총아였다.

그의 연구실에서 내다보이는 뒤뜨락에 피었던 배꽃, 그리고 돌배가 매달릴 때면 학생들은 그것을 빌미로 그의 연구실을 점령하고 사부가 피우는 시거 향기에 취해 몽롱해지곤 하였다.

그야말로 학부 아이들이 철딱서니 없이 시도 때도 없이 그의 방을 찾고 집으로 전화를 해대고 뭐 꼭 그 이유만은 아니지만 그는 어쨌든 아내와 이혼했다.

어쨌든 기애는 그를 사모하지 않는 거의 유일한 학생이었다. 그는 그녀의 타입이 아니었다. 기애는 정돈된 거칠음이 좋은데 그는 너무 무슨 향냄새가 진했다.

매너가 좋고 세련되어서 슬쩍슬쩍 어깨를 만지는 듯한 동작이 성적 관심이라고는 믿지 않게끔, 그러나 십분 자기의 매력을 발휘해 어린 여자들이 목매게 했다.

기애에게는 그러지 않았다. 그도 그게 편했는지 기애에게 더러더러 심부름을 시키기도 했고 사람 만날 일에 대신 내보내 일을 보게도 했다. 그런 정도의 가까움을 지니게 되었는데….

그러나 대학 앞에 턱도 없이 기애를 그와 엮은 대자보가 붙여지고 그는 정직을 당했고 기애는 그 시기에 미국으로 갔다.

이 세상의 모든 여성은 연애와 질투로부터 자유롭지 못하고 배신에서 벗어날 수가 없어. 강한 척 하는 여자들은 더하다. 상처가 무지 커서 여성해방론자가 되기도 한다.

그런데 게다 대고 못생긴 것들이… 그런다는 편견을 가지기도 하지. 편견이라면 사족을 못 쓰는 민족이다.

전라도가 어떻고 천민이 어떻고 하면서 인터넷에 올리지 않는가.

무식하고 잔인한 백성이야.

세상에서 떨려난 노사부의 푸념이었다. 그의 잘못이라면 좀 지나치게 페미니스트라는 점이었을까?

사부는 생각보다 훨씬 늙어보였다. 고급 소재의 외투와 머플러로 바람 샐 틈 없이 단단히 가렸건만 추워 보이고 목으로 찬바람이 기어들어가는 듯 목을 심히 움츠렸다.

사부는 이혼 후에 젊은 아이와 재혼했는데 딱 삼 년 후에 여자는 독일로 가서 다시는 사부 앞에 나타나지 않았고 사부는 학자로서의 존엄과 남자로서의 자존심과 얼마 되지는 않지만 그래도 그의 노후를 보장할 돈을 두 여자에게 몽땅 빼앗겼다. 질투가 심한 만큼 독하기도 했는지 사부의 아내는 이혼하는데 주저가 없었고 그야말로 사부의 모든 것을 통째로 빼앗아갔다.

그래도 의연히 시가를 물고 버티는 줄 알았더니….

그러게 여자를 좀 조심하시지.

기애의 사부는 여자 땜에 노후가 처량하다. 기애도 거기 일조했는지도 모르겠다는 자각에 가슴이 아팠다.

기애는 사부의 팔을 끼고 걷는다.

강물이 흐른다.

인생은 무상하다.

그리고 인생은 참으로 이상하다.

그들은 북시드니 체커스필드에 사부가 거처하는 피정의 집으로 간다.

이른 아침이라선지 몇 사람이 오소소한 모습으로 버스를 기다리고 있다. 참을 수 없이 뚱뚱한 젊은 여인네 품에 안겨 있는 아이가 선하품을 한다.

버스는 한적하게 비어있고 빈자리에 사부가 창쪽으로 자리를 잡고 기애는 통로 쪽에 앉았다. 나른하게 오전의 햇살이 퍼지기 시작하고 히터를 틀었기 때문인지 그녀의 노사부는 처량하게도 곧 졸기 시작했다.

버스는 나지막한 그을음들을 끼고 늙은 나무들 사이로 헐벗은 겨울바람이 불어 땅에 떨어진 낙엽을 둥글어지게 하는 길 사이를 속력을 내서 신나게 달렸다. 드문드문 농가의 지붕이 보이고 마을에서 개 한 마리가 버스를 향하여 마구 달려오는 것도 보였다.

사부는 임시로 거기 머물고 있다 한다. 누덕누덕해진 인생을 껴안고 두 사람은 졸면서 서로 기대고 있었다.

노사부는 자꾸 뒤를 돌아보면서 요양원 안으로 사라졌다.

기애는 이제 할 일을 다 한 것처럼 마음이 편안해졌다.

'불안으로부터의 자유'

어느 책에선가 읽은 구절인지 기애의 마음의 제목인지, 어쨌든 이 말이 기애가 빠져든 깊은 구덩이에 대한 적절한 제목이 될 것이다.

이것은 휴지기休止期도 없다.

어디가 결손인가?

한국음식점에서 신문, 잡지, 소설을 소규모로 파는데 거기서 산 『고흐는 왜 귀를 잘랐는가?』를 읽고 기애는 그 책을 쓰레기통에 던졌다.

문학을 빙자한 예술을 덮어 쓴 흉측한 포르노에 불과한 것을….

모 교수의 소설을 읽고 멀리 멀리 책을 던지며 "아유, 빌어먹을 말 같은 게…" 했던 것처럼.

이러한 성적 죄의식을 잘난 심리학자들은 뭐라더라? 성적 결벽증?
멀리서 파도가 혼자 몸부림이다.
그러나 방음이 잘된 유리벽 너머로 아무 소리도 들리지 않는다.
귀가 아픈 정적 속에 죽음이 있다.
몹시 골똘하게 생각하거늘 한 번도 답이 없지만.
답이 있을 리 없건마는.
마땅히 혼자 있어 고쳐야 할 병과 혼자 남겨짐에 대한 분노는 치료가 쉽지 않다.
그녀에게 일어나는 현상은 객관적으로 웃기는 것이라고. 그야말로 포시라와서(너무 편해서) 생긴 병이라고들 한다.

혼자 침대에 가만히 누워 있는데 켜진 텔레비전에서 누군가가,
"미친 사람들이 제일 먼저 하는 행동이 뭔지 알아요?"라는 대사를 읊는다.
"……?"
"머리에 꽃 꽂는 거예요."
"……?!"
기애는 항상 머리에 커다란 붉은 꽃을 꽂고 싶다.
하와이에서는 매일 머리에 꽃을 꽂고 다녔다. 거기선 일상적인 일이지만.

파사삭 메마른 머리털에 갑자기 휘향한 꽃잎이 난무하고 기애는 저기 어디 세인트헬레나처럼 아주 더운 열대섬에서 머리에 꽃을 꽂고 긴 치마폭에 진주를 달고 햇빛에 쏘여 익어가고 싶다.
그러면 기애는 미친 건가.
미치면 행복하지.

'딸아! 미치지 못해서 미안하다'
드라마 대사이다.
어머니가 딸에게 하는 말이다. 공감.

《유서》
나는
이제는
아무것도 기쁘지 않다.
단지 한 가지
원하는 바가 있다면.
봄빛 노랗게 쏟아져 내리는
잘 닦인 마루에 앉아
뜰에 지천으로 핀 봄꽃들더러
곱다, 곱다, 참 곱구나 하다가
스르르 팔베개 누워
잠시 졸다
그냥 하늘나라로 돌아가고 싶은 거다.
그 일 하나를 위해
이렇듯 괴로이 산다.

199X에 호주의 관광지 누사의 한 모텔에서 민기애는 가지고 있는 모든 종류의 알약들을 삼키고 잠자리에 누워 자는 듯 죽어버렸다.

머리맡에는 아이들 같은 시가 쓰여 있고 차근차근 비우고 다시 제자리에 놓아둔 듯 약병들이 그녀를 지키듯 가지런히 창턱에 놓여 있었다.

자살인지 약물의 어뷰즈인지 그 누구도 모르지만 나는 그녀의 죽음은 미필적 고의에 의한 자살이라고 본다.

시의 마지막 연(譴)은 '저 꽃 한 송이 머리에 꽂고 싶어요'였다.

— 이 이야기는 픽션이며 동시에 논픽션이다.
어쨌든 내 대학원 동창 기애를 누사에서 만난 건 사실이다.
나보다 더 아픈 그녀를….

오직 사랑이라는 이름으로

미네가 철들만 할 시기에 현자언니를 만났다.

그녀는 교회의 성가대 반주자였는데 미네도 교회에서 어린 피아니스트여서 조금 자라면서 저녁예배 반주를 맡게 되곤 했으니까(현자언니가 예배 반주를 자주 빼먹기 시작하면서) 그녀와는 같은 장소에서 조우하는 일이 많아졌다.

현자언니는 늘 상냥하고 눈초리에 웃음을 달고 있었다.

하얀 얼굴, 꽃잎 같은 입술이 예뻤다.

"응, 미네구나. 피아노 열심히 치고 있지?"

흰 깃이 달린 진한 곤색 교복을 입었으나 그녀는 하나의 소녀가 아니라 이미 여인으로서의 간절하고, 성숙한 여자 내음을 풍겼다.

현자가 바람기가 있어 교회반주자라는 직분에 흠집이 난다고 선배들이 모여 성토를 하는 것을 미네는 유심히 듣곤 했다.

아무리 그랬으려고.

예쁜 얼굴로 쓸 만한 남학생 모두 다 꿰어 차는 꼴에 배알이 좀들 틀려서 그랬겠지 싶다.

미네가 생각할 때 현자언니는 어디서 갸웃하고 혼자 피어난 한 송이 꽃 아닌가 싶었다. 왜냐하면 그녀의 부모는 삭막하기 그지없는 사람들이었기 때문이다.

신앙 경력은 누구보다 많고 적어도 학력도 그럴 듯하다는데 도대체 어떤 직업을 가지고 먹고 살아가는지 알 수가 없는 빈털터리 인텔리겐치아들이었다.

시가지 자그마한 네거리에 먼지를 뒤집어쓰고 있는 일본식 집에 그들은 살고 있었는데 아버지는 과묵하고 그 어머니는 입이 지독하게도 야무진 기다란 오이처럼 생긴 여인이었다.

미네는 그 오이 같은 여인이 한 송이 꽃 같은 현자언니의 어머니라고 믿기 어려웠다.

비가 내렸다.

수요일이었다.

미네는 남루하고 비좁은 집을 나와 교회의 종탑으로 올라갔다.

예배가 없는 날, 텅 빈 교회당의 정적을 미네는 좋아했다. 색칠한 뒤 오래되었음에도 약간의 니스 냄새를 풍기는 기다란 의자들이 그 정적 속에 느른하게 누워 있다.

아무리 비어 있어도 범접하면 안 되는 목회자의 강단은 모종의 어둠 속에서 네가 왜 도대체 여기? 하고 틈입자를 내려다본다. 물론 미네도 그쪽 돌아보기는 싫다.

좁은 계단을 올라가면 층마다 조그만 방들이 있고 낡은 풍금도 놓여 있어 성가 연습 때 쓰이거나 또 그 위층은 청년 회의실이고 3층은 기도실이고 미네가 드디어 가고자 하는 4층은 종루鐘樓였다.

그때 미네는 종루에 걸려 있는 커다란 쇠종과 늘어져 있는 두터운 밧줄에 대해 어떤 외경심을 품고 있었다.

종지기가 종을 칠 때마다 미네는 귀가 아리도록 종소리를 들었다.

어느 수요일에도 미네는 종탑을 향해 올라가고 있었다.

8개의 사다리쯤밖에 안 되는 통로로 연결되는 조그만 방들이 1층, 2층, 3층, 4층까지 연결되고 4층을 지나면 구멍이 더 좁아진 종탑 입구가 나온다.

그런데 미네는 3층 계단을 올라가다가 누군가 흑흑 흐느끼는 소리를 들었다. 반사적으로 미네는 계단에 몸을 착 붙이고 숨을 죽였다.

화난 남자가 심한 욕을 했다. 그 시대에 한 골목을 장악했던 창녀들의 호칭이었던 X같은 년이라고.

미네는 그 욕설에 쇼크를 받았다. 그와 동시에 온 몸이 좍 긴장하고 말로 표현할 수 없는 미네 손에 닿지 않는 무슨 음탕한 세계, 어른 세계, 남자들의 향기 같은 것들로 기운이 쭉 빠졌다.

그때 현자언니가 울면서 예쁜 뺨에 벌건 손자국이 그대로 남은 채 계단을 급히 내려갔다. 미네와 몸이 스칠 정도로 몸을 비켜야 했지만 미네의 어깨를 들이받고 뛰어 내려갔다.

상황이 어떠했든지 미네는 올라가야 했으므로 심장의 고동이 후다다닥 뛰고, 얼굴로 피가 쏠리는 느낌이 들었고, 다리가 잘 움직여지지도 않았지만 그래도 삼층으로 올라갔다. 반쯤 열린 창 앞에 목사의 큰 아들인 규오빠가 거리로 난 작은 창 앞에 서서 상기된 얼굴로 팔짱을 끼고 서 있었다.

분노의 냄새랄까? 아직은 고등학교 졸업반일 뿐일 규오빠에게서 뜨겁고 쉰 듯한 풀 냄새가 확 풍겨 왔다. 그리하여 배반당한 남자의 거친 상처감은 나중에 미네에게 남자에 대한 관능을 유발시키는 주요 조건이 되었다. 물론 미네가 그 순간 그러한 것을 알 리가 있겠는가마는.

미네가 중학교를 졸업하고 Y의 여고생이 되었을 때 현자언니는 혹독한 연애에 빠짐으로써 자기 아버지에 의해 머리를 싹둑 잘리고 방에 갇히는 신세가 되었다.

현자언니의 취향은 아주 다양해서 부자거나 가난뱅이이거나, 유부남이나 아니거나 가리지 않고 성질이 어찌됐든 직업이 무엇이든 가리지 않았으나 단 하나의 조건은 그들이 모두 뛰어나게 아름답게 생겼다는 것뿐이었다. 아름답게 생긴 주변의 남자들은 십중팔구 현자언니에게 물렸다(이 표현이 현자를 미워하는 선배들이 표현하는 말이다).

현자언니의 연애는 그리 오래 가지는 않았으나 한 번 시작하면 단시일 내에 불꽃처럼 타고 그리고 불꽃에 구정물 끼얹어 끄듯 꺼졌다.

'어째서 그렇게 대책 없는 연애를 하는 것일까'라고 미네는 여고 1학년의 비판력으로 그녀를 답답하다고 생각했다.

얼굴만 잘 생기면 뭐하나…. 단칸방에 5명이 사는 집 큰아들도 있고, 두 아이의 아버지도 있다니.

결국은 이 유부남과의 연애가 현자언니의 머리를 깎기게 하고 집에 갖히게 되었으나 현자언니는 밤중에 스카프를 쓰고 도망쳐 나와 애인과 함께 통영으로 도망쳐 갔다가 유부남 부인의 고발에 의해 간통죄로 고소되어 형사들에게 끌려 내려왔다.

이 파탄의 연애가 끝나고 현자언니는 얼마쯤 조용히 지냈는데 그것은 무시무시한 폭풍 전야의 고요일 뿐이었다.

현자언니가 뿅 간 남자들 중에 그 부모가 마음에 들 만큼 조건을 갖춘 사람이 하나도 없다는 점이 현자언니의 연애를 항상 파탄으로 몰아가는 점이었다.

가난뱅이 룸펜, 유부남, 병원의 X선 촬영기사, 교회 사찰집사의 깡패 아들….

미네가 생각해도 한심했다. 미네도 자라고 있었고, 이제는 종탑 같은 것 따위의 일에는 흥미를 잃은 지 오래다. 보다 더, 찬란한 뜨거운 그 무엇으로… 다가가고 있으므로.

어느 날 일요일 저녁예배가 시작되기 직전 미네는 교회로 불려왔다.

현자언니가 예배반주를 하려고 피아노 앞에 앉아 찬송가를 뒤적거리고 있는데 사찰집사 깡패 아들의 똘마니들이 현자언니를 잡아끌고 가버렸다는 것이다.

미네는 현자언니 대타로 예배반주를 한 일이 한 번, 두 번이 아니다.

그 부모들이 사찰집사에게 부랑 방탕한 애새끼가 가만있는 멀쩡한 처녀애를 끌고 갔다고 악을 쓰며 난장을 쳤지만 사실 그 누구도 그녀가 억지로 끌려가지는 않았으리라 쯤은 알았다.

그 아들은 비록 깡패라고 불렸지만 짙은 눈썹과 과묵한 입매, 건장한 몸매 등 몇 가지 남자로서 매력적인 면이 뛰어나 Y의 화제인물이었다.

그 일요일 이후 미네는 그를 만난 적이 있는데 그가 건장한 해고생海高生 두 사람과 함께 걸어오다가 미네를 불러 세우며,

"너 김미네지?"

그렇게 딱 묻는 것이었다.

분명 미네는 그를 알지만 한 번도 서로 아는 척을 하지 않은 사이이다.

"……."

"하하. 짜아식…. 승일아, 혼자 속 끓이지 말고 고백을 해라, 고백을…. 내가 너한테 목맨다, 그래라. 이런 사내자식이…."

승일이라 불린 해고생은 모자를 더욱 깊이 내려 쓰며 입가에 조금 미소를 띠웠다.

주먹도 쓰고 공부도 꽤한다는, 여학생들 사이에 신비스런 날개를 펴고 경외감을 일으키는 카이자르라는 그룹의 일원…. 그룹은 때로 거리를 장악하듯 걸어가곤 했는데 그들의 어깨에는 자유로운 인생을 동경하는 자의 커다란 두 날개가 천천히 날아오르려고 깃을 터는 듯했다.

회상해 보건데 미네는 자기에게 목을 맨다는 그에게 이미 조그만 촛불 같은 사랑을 느끼게 되고 가슴속에 뉘 알까봐 숨겨두게 되었던 것 같다.

그러나 그날은 그것과는 전혀 상관없는 사실, Q오빠가 현자언니를 납치해 갔다는 소문에 미네는 몹시 가슴이 아팠다.

그래서 딱 돌아서려다가 잠깐 그를 쏘아보고,

"현자언니 잡아갔어요?"라고 어떤 결연한 소명의식을 가지고 물었다.

Q오빠가 허허허 웃으며, "잡아가긴 누가 잡아가? 녀석 참!" 그러면서 잠시 얼굴을 찌푸리는데 그의 잘생긴 이마에 명료한 주름 하나 지는 것을 보고 지난날 종각에서 규오빠에게 느끼던 그 마른 풀냄새와 같은 미지의 관능에 가슴이 아프고 녹아나는 것을 느꼈다.

미네는 돌아서서 달리기 시작했다.

얼마 후 현자언니는 집으로 돌아왔다.

피아노 레슨시간이라 미네는 간단한 쇼팽 에튀드를 벌써 열흘 이상 연습하고 현자언니의 오케이를 기다리고 있었으므로 그날 밤늦게까지 피아노를 쳤다.

안방 쪽에서 현자언니의 울음소리가 들리고 무엇인가로 두들겨

패는 소리가 들려왔다. 미네는 급하게 피아노 책을 주워들고 신발을 신는 둥 마는 둥 밖으로 뛰쳐나왔다.

그 뭐라고 해야 하나? 가슴이 무척 아프고 그러면서도 맞아도 싸다는 가학감과 현자언니가 가지고 있는 그 신비한 연애에의 동경과 탐닉이 부럽기도 한 그런 기분으로 머리가 어지러웠다.

길모퉁이에 있는 빵과자를 파는 기린이라는 가게에서 안면이 있는 점원이 아는 체를 했고 그녀와 인사를 나누다가 미네는 기린 안의 소파에 푹 파묻혀 앉아 있는 Q오빠를 보았다.

침통한 얼굴로 시선을 어디 먼 데다 두고 의자 깊숙이 묻혀 있던 Q오빠는 미네가 미술실에서 본 아그리파의 실물 같았다.

그의 앞자리에는 여전히 카이자르 그룹의 승일과 그 친구 한 사람이 함께 앉아 있었다.

승일과는 어떻게 해서 낯이 익어졌는지… 기억은 선명하지 않으나 어떤 모임에서 그가 벽에 기대서서 미네가 움직이는 동작 하나 하나를 놓치지 않으려 모임 내내 팔짱을 끼고 서 미네를 주시했고 애써 피하던 미네의 눈빛과 어쩔 수 없이 마주쳤던 그때였는지….

오오 아름다워라, 청춘이여!

그 순간 미네는 그녀 평생에 가장 아름답고 찬란하고 휘황한 느낌에 가슴이 무너지는 것 같았다.

Q오빠의 말에 의하면 미네를 열렬히 좋아하나 한 마디 말도 걸지 못한다는 바로 민승일.

미네와 승일은 고교 시절을 그렇게 서로 첫사랑에 빠져 지냈다.

그날 이후 미네는 사랑병에 걸려 열에 들뜨듯 살았다.

아름다운 청춘이여!

돌연히 만난 그로 인하여 그녀는 바다로 가서 풀꽃을 뜯어 흘려

보내기도 하고 비 오는 성당, 성모를 바라보며 알 수 없는 눈물을 흘리곤 했다.

우연인지 무언지는 모르나 미네는 그를 멀찍이 서서 보는 기회가 더러 있었다.

학교 대항의 배구 경기장에서 공격수로 뛰는 그를 바라보고 그의 스파이크가 상대방의 전열을 통쾌하게 작열하면 미네의 가슴은 터질 것처럼 기뻤고, 길거리를 걷다가, 현자언니네 집 사랑방에서, 시 축제의 모퉁이에서….

사랑이란 그런 것이었다.

모든 것들이 사랑이라는 이름으로 용서되어야 하는 이유를 미네는 어렴풋이 알게 되었다.

사랑은 범죄가 아니다.

간통죄로 손에 쇠고랑을 차고 역사驛捨를 빠져 나오던 현자언니도 미네는 그제야 이노선트(결백)라고 믿게 되었다.

◆긴 이별

비 오는 수요일 밤 미네는 예배 반주를 마치고 비가 좀 그쳐주기를 기다리며 서성이고 있었다. 집을 떠나 나올 때는 말짱하던 하늘이 그 사이에 하염없이 비를 내리고 있었다. 친구들도 헤어져 가고 교회당의 불도 하나씩 꺼져갔다.

비를 맞고 집으로 돌아가는 수밖에 없었던 그때 그가 미네 앞에 나타났다. 그는 빙그레 웃었다. 그리고 말없이 미네의 어깨를 당겨 우산 안으로 끌어들였다.

미네는 가슴에 피아노책과 찬송가를 두 손으로 끌어안고 그가 자기 어깨에 두른 팔 안으로 가볍게 들어섰다. 오랫동안 그래왔던 것처럼 앞으로도 영원히 그럴 것인 것처럼 그들은 말없이 걸었다.

우산을 미네에게로 씌우느라고 그는 거의 다 젖었다. 젖은 그의 몸에서 Q오빠, 규오빠에게서 풍기던 쉰 듯한 풀 냄새가 살짝 풍겨왔다.

아미가 뜨거워지고 가슴에 안고 있는 책의 무게가 갑자기 너무 무거워져서 미네는 걸음을 멈추고 잠시 말없이 서 있었다.

거리는 빗속에 잠겨 몇 개의 네온만이 흐르듯 빛을 흘리고 있었다.

그가 미네를 자기 쪽으로 돌려세우고 그 깊고 아득하고 푸르른 물길이 맴도림하는 것 같은 눈길로 내려다보다가 그녀 이마 위에 깊숙이 입맞춤을 했다.

"내일 실습선을 타고 오키나와로 간다. 거기서 남태평양을 가지…. 한 달쯤? 걸릴까…."

미네는 대답 없이 그의 품안에 이마를 묻고 서 있기만 했다.

"아마도 너를 평생 사랑할 것 같다!"

그날 내린 비로 인하여 저지대가 물에 잠겼고 하수구 뚜껑으로 역류한 빗물이 초등학교의 담을 무너뜨렸다.

그가 먼 바다로 나간 뒤 미네는 Y의 서정西停 바다로 나가 잔물결 위에 꽃잎을 띄웠고 함께 간 친구도 또 그 누군가를 가슴에 품고 먼 수평선을 가없이 바라보던 그 아름다운 추억을 감추어 둔 보물처럼 꺼내어 보듯 그리워했다.

그 추억은 죽고 싶을 만큼 허무했던 날들 속에서 미네를 구원했고, 그녀의 인생을 특별한 것으로 고쳐 내곤 했다.

그가 실습선을 타고 스페인 쪽으로 나간 사이에 미네의 집은 거짓말처럼 풍랑을 맞아 깨어진 배처럼 되어 그가 돌아왔을 때 미네의 가족들은 Y를 떠나 뿔뿔이 흩어져버렸다. 미네도 Y를 떠나고 없었다.

삶은 첫사랑에 빠진 어린 연인들에게 너무나 가혹했다.

그러나 단언컨대 마음속에서 미네는 늘 그를 품고 살았다. 살아가면서 되는 대로 연애를 하면서도 미네는 정말로는 자기 사랑은 그 뿐이라고 마음속에서 생각했다.

인생의 갈 길을 터벅터벅 꿈도 없이 사랑도 없이 걸어갈 때는 늘 그를 기억 속의 샘물에서 새로이 찰랑거리는 물처럼 길어 올리곤 했다.

미네는 끝까지 그로 인하여 왕녀로 남을 수 있었다.

◆세월은 흐르고

어렸을 때부터 나르콜렙시Narcolepsy라는 병인 줄도 모르고 살았고 사실은 기관지가 좀 약했다 싶었는데 이십대 후반에 심하게 기관지염을 앓게 되여 잠잠하던 나르콜렙시가 함께 발병하게 되어 미네는 Y의 홀로된 외숙모 집으로 가서 요양을 했다.

요양이라지만 밤에 그리고 새벽에 잠깐씩 심하게 기침을 하는 정도라 외숙모가 달여 주는 한약을 먹으면서 어릴 때의 친구들도 만나고 시립아동합창단을 객원 지도하는 그런 세월이었다.

Y는 샌프란시스코의 지형과 비슷한 높은 언덕길이 있었고 그 길을 내려서면 바다 냄새가 났다. 아니 그보다 갯벌 냄새가 났다. 어물시장이 있고 가까운 섬들로 떠나는 뱃머리가 있었기 때문이다.

바다 쪽으로 돌아서기 전에 로터리를 끼고 뱃사람들이 자주 드나드는 찻집들이 즐비했다.

나지막한 지붕을 덮은 집들마다 탱자울타리가 둘러쳐 고요하던 동정구東停區에 거처하던 미네와는 거의 상관이 없는 거리였다.

비밀스럽고 향기로운 동정구와는 달리 이쪽 서정구西停區는 인파가 밀리고 가게들이 즐비하고 재래식 어물시장이 자리를 잡고 있어

시끄럽고 활발한 삶의 파도가 넘실댔다.

어느 날 시립아동합창단의 정기공연 연습을 마치고 반주자와 미네는 이런저런 이야기를 나누다 서정구까지 걸어왔다.

밤 항구의 로터리는 요염하고 관능적이었다.

술 먹은 한 무리들이 어깨를 겯고 호기스럽게 거리를 독차지하고 어깨를 일부러 툭 치고 가기도 했다. 그러나 그런 행동도 다 용서가 되는 분위기다. 시계탑 주변으로 이제는 시들은 오랑캐꽃 더미들이 네온사인을 받아 붉고 푸르게 다시 피려는 것 같았다.

미네보다 두어 살 어린 승희는 그런 분위기에 달떠간다.

"언니, 우리 저 다방에 들어가서 커피나 마시고 이야기 좀 하다가자…. 집에 일찍 들어가면 뭐하는가? 쓸데없이 자빠져 잠만 자지…."

망설이는 미네를 등을 떠밀듯 하고 승희는 다방의 문을 밀고 들어갔다.

서울에는 초라한 찻집들도 이름이 중앙다방이니 여왕벌 다방이니 그렇게 붙어있진 않은데 이곳은 보란 듯이 이름들이 무지 선정적이다.

다방 안에는 가운데 놓여있는 난롯불 주변의 의자에 적잖은 손님들이 앉아 있고 레지아가씨가 짧은 스커트를 교묘하게 흔들며 의자 사이를 미끄러지듯 차를 나른다.

우락부락한 덩치의 남자가 그렇게 지나가는 아가씨의 엉덩이를 툭 치며, "촌것이~ 많이 사람 되었다야…" 그러니까 아가씨가 미워서 입술을 쑥 내밀었다.

미네는 부끄러움이 많았지만 그 점을 행동으로 내보이질 않는다. 부끄러워한다는 것을 미네는 부끄러워했다.

남자들이 일제히 빙글거리며 그들을 바라보았으나 미네는 겉으론 눈 하나 깜짝 않고 승희가 골라 앉는 소파에 파묻히듯 앉았다.

"그냥 집으로 가지…. 사람들이 많은 건 싫더라…."

미네는 그렇게 생각했지만 승희는 자기가 오히려 주위를 죽 둘러보며,

"언니, 전부 뱃놈들이네잉?"

그러는 것이었다.

"네가 한 번 보고 어찌 아니? 참, 내…."

"언니도 한 번 봐. 안 그런가…."

커피 두 잔을 시키고 그들은 시의 환경과 과장이라는 사람이 생뚱맞게 어린이합창단 일에 간섭을 한다는 것은 정말로 어불성설이라는 것을 주내용으로 이것저것 헐뜯기도 하고 까르르 웃기도 하였다.

"정말 갖잖치. 응?"

그때 누군가 미네 앞에 우뚝 섰다.

카이자르…. 아니 승일….

"미네, 맞지?"

얼핏 보면 싱긋 웃는 듯한 입매를 지닌 그 눈빛이 바다 위의 물결처럼 쏘듯 빛나는 아직도 여전히 아름답게 생긴 그였다.

우— 하고 그의 일행인 듯한 남자들이 관능적인 저음으로 그를 놀렸다.

심장이 부풀어 올라 터져버릴 듯 뛰었다.

그는 해풍에 익어 분홍빛으로 탄 볼과 이마에 홍조를 띄고 잠깐 앉아도 되겠냐고 물었다.

승희가 호기심과 감탄을 숨기지도 않고 그와 미네를 번갈아 보았다.

"네가 여기에 왜 있는지? 어디론가 멀리 가 있는 거라고 들었는데?"

"멀리? 어디?"

마음 정리도 다 못하고 반문했더니 그는,

"글세…. 이런데 아닌 곳?"

그러면서 미소를 지었다.

십 년 전 소년 시절의 생각이었다 싶은 표정이었다.

외항실습선을 타고 한 달 후에 돌아오지 못하고 날씨 관계로 스페인 쪽에서 좀 더 오래 있어 거의 달포가 더 지나 돌아왔더니 미네는 어디로 가버리고 없었다.

"그때는…."

그때는 미네의 집안이 콩가루가 되어버렸었다.

꽤 큰 규모의 계를 모아서 운영하던 어머니의 계가 엄청나게 깨어져버린 것이다. 상냥한 얼굴로 미네네 집에 드나들며 성님 성님 그러던 혜자엄마가 거의 싹 쓸어 가지고 어디로 날라버린 것이다.

게다가 아버지가 임용직으로 근무하던 은행에서 정년이라 해서 퇴직하는 바람에 은행 소유이지만 분명히 은행 측과 계약을 맺고 살던 적산가옥이 갑자기 벼락부자가 된 '하' 무엇이라는 시정잡배 같은 부자에게 경매로 낙찰되어 미네네는 어딘가 조그마한 울도 담도 없는 집으로 옮겨가야 했다.

하○○은 전형적인 야비한 수단으로 전쟁 동안에 돈을 벌어들인 배가 나온 땅딸보였는데 그 집에 딸들이 몇씩이나 되었다. 그 딸들을 앞세우고 뜰로 쳐들어오는 그들 앞에 미네는 길을 딱 막아서고 한참을 쏘아본 뒤 '뚱땡이 같은 것들'이라고 나직이 욕을 해준 기억이 난다. 하나같이 뚱뚱하고 못생긴 건 사실이었다.

통쾌한 것은 그 딸들 중 하나의 남편이 현자언니와 바람이 났다는 사실이다.

이렇게 오욕되게 살 바에야 서울로 가자라고 해서 미네네는 이곳 저곳에서 제 살길을 찾으러 떠났다.

첫 해에 미네는 합격한 대학의 등록금을 마련하지 못해 진학을 못하고 어찌어찌해서 전차가 다니던 원효로의 조그만 이층집의 다락방에서 아무 일도 안 하면서 공부도 하지 않고 외출도 하지 않고 굼틀거리는 벌레처럼 가만히 엎드려 어느 때는 하루 종일 눈물만 흘리고 살았다. 그 무렵에 미네는 모든 가족까지 버리고 혼자 벌레처럼 숨어 살았다. 식욕을 잃어 굶기가 일쑤고 시도 때도 없이 잠에 빠져 좀처럼 일어날 수 없었다.

교회 부흥목사 한 사람이 미네에게 반하여 부득부득 찾아오고, 공을 들이고, 공주님 모시듯 하면서 한 달에 한 번쯤 내어 놓고 가는 생활비를 쓰지 않을 수 없었고, 그것을 쓰면서도 미네는 그가 오면 화를 마구 낸 얼굴로 '다시는 오지 말란 말이에요!' 하고 소리소리 질렀다.

그는 자기는 미국으로 갈 것이며 그 전에 이혼을 하고 반드시 미네를 미국으로 데려가겠다고 혼자 다짐하곤 했다.

도대체 이 중년의 남자가 미쳤는가!

미네는 그의 가슴을 들쑤시는 사랑한다는 감정이 도대체 말이 되나, 미쳤나, 비웃고 또 비웃었다.

사랑이라는 것은 제법 이름 있는 목사가 자기 위치를 다 버리고도 남는다는 것을 알았다면 그 가련한 사나이를 그토록 구박하진 않았을 것이다.

그러나 그 멍청한 사랑에 빠진 목사에게 발견되어 거의 가사상태에 빠져 있던 미네가 병원으로 옮겨져 알아낸 병명이 나르콜렙시, 기면병이었다.

그의 덕으로 미네는 전문대학 보육과에 들어갔고 병에 대한 인식과 치료도 가능했었다.

그렇다고 그를 받아들이겠는가…. 그는 제풀에 네모처럼 생긴 아내를 데리고 LA로 떠났다. 떠나면서 그는 미네에게 완곡하게 말하며 얼마간의 현금이 든 통장을 두고 갔으며 미네는 처음으로 그에게 감사하다는 말을 했다.

미네와 승일은 안개같은 비가 사르르 내리는 밤길을 천천히 걸었다.

"여길 떠날 줄 알았지만…. 너무나…."

승일은 말끝을 끊어버렸다.

"쥴리아드 같은 데서 음악 공부를 하고 있다거나…."

"……."

서럽고 기가 막혔던 미네의 세월을 모르는 이들이 미네를 찾는 그에게 그런 헛된 말도 들려준 모양이다.

"내 손이 닫지 않는 그런 곳에서."

미네는 자기가 현실적으로 얼마나 아옹다옹 초라하게 뒤집어져 살았는지 말하지 않았다.

그는 부산에서 해대海大를 졸업하고 그리스선박에 1항사가 되어 멀리 바다로 오랫동안 나가 있었다고 했다.

그는 스페인어를 잘 구사했다.

그곳에서 장기 체류했기 때문에 저절로 그렇게 되었다고 했다.

"세뇨리따 벨라…."

빙그레 웃으며 미네의 어깨를 껴안기도 했다.

여섯 살짜리 아들이 스페인 여자와의 사이에서 생겨났다 한다.

"상관없어, 상관없다. 난 몰라. 몰라. 책임져."

책임져? 그 부분에서 미네는 스스로에게 웃음이 났다. 뭘 책임지나 말이다.

그들은 어쩌겠다는 아무런 대책도 없이 가닥이 잘 잡히지 않는 소년기의 휘황한 추억 속으로 빠져들어 갔다.

사랑의 고백도 없이 우리가 그랬었지? 라는 확인도 없이….

바다 때문이었는지 모른다.

그의 배 영랑호가 시모노세키로 출어를 하여 꽤 긴 날 동안 돌아오지 않을 때 미네는 그에 대한 그리움으로 가슴이 메어 부두로 뛰어 나가곤 했다.

그는 기약 없이 떠나곤 했으니까 그가 돌아왔는지 아닌지 그녀는 모른다. 고만고만한 배들이 선미를 맞대고 출렁거리는 부두에 닻을 내리고 흔들리고 있었다. 그의 배는 거짓말처럼 돌아와 있기도 했으나 대개는 그렇지 않았다.

그래도 미네는 바람이 불고 폭풍이 와도 그곳에 가곤했다. 기침을 심하게 해서 새파랗게 질린 얼굴을 머플러로 감싸고 그곳에 오래 서 있곤 했다.

얼마나 괴로워했는지 모른다.

미네도 이미 약혼자가 있었다. 미네의 약혼자는 그녀의 어려움에 많은 도움을 주었고 미네가 대학원 학위를 받게끔 금전적으로도 이바지 하였다. 그는 독일에 있었지만 미네에게 대단히 열심이었다.

그렇기에 그들은 사랑해선 안 될 사랑을 한 셈이다. 유행가 가사처럼….

어느 날 미네는 그를 따라 부산으로 갔다.

부산은 바람이 많이 불고 삭막했다.

로렐라이라는 이름의 찻집에서 미네는 그를 기다리기로 하고 그는 원양어선의 선주를 만나러 어디론가 갔다.

버스를 오래 타고 왔고, 또 오래 그를 기다리자니 미네는 지쳐갔다. 몸이 지쳐가니까 마음이 따라서 내가 지금 여기서 뭘 하는 거야…, 도대체 어쩌자는 거야… 하고 불안하고 초조하기 시작했다.

거친 사람들이 여자고 남자고 커다란 목소리로 대화를 나누고 있다. 심한 부산사투리에 미네는 움싹움싹 놀라기도 했다.

검정색 공단에 빨간 달리아가 수놓인 좌부즈를 입은 마담이 주홍색 립스틱을 바른 큰 입으로 쉴 새 없이 "여기 커피이~~, 엽차아~, 쌍화차아~" 그러면서 홀을 돌아다녔다.

웬일인지 그녀는 미네 쪽으로는 오지 않았다. 미네에게 흘깃흘깃 눈길을 보내면서도.

어쩌자는 것인가. 미네는 자기 가슴을 두들기고 싶었다.

어쩐지 그가 없는 사이 그를 피해 도망가버리고 싶은 마음이 들기도 했다.

너무 삭막하고 너무 거칠고 너무 난잡스러운 느낌이 싫어서 그가 이런 환경의 사람인가, 그건 싫다, 그건 아니야 라는 독백도 했다.

그동안 한 몇 단계 올라 뛴 그녀의 삶의 양식을 낮추는 것은 그 무엇을 주고도 안 되게 되어 있는 것이다.

생판 모르는 고달프고 억세게 생긴 남자가 미네를 아래위로 훑어보며,

"승일이 애인이요?"

그렇게 정통으로 무례를 범하고도 히힛거리고 갔다.

핏물 같은 햇빛, 피부를 탁하게 보이게 하는 실내등과 그 햇빛이

조합되어 겨울빛에 피부가 익는 듯한 따가움, 이렇게 오랫동안 혼자 놔두고 어딘가 가버린 승일에 대한 원망…

이런 거칠고 조야한 것들 속에 그가 몸 담고 있다는 생각… 등등에 미네는 울고 싶었다.

'아무리 사랑한다고 해도 이렇게 밑으로 몇 칸 내려앉아야 한다면? 싫다. 이건 아니야….'

미네의 눈에는 정말 눈물이 조금 맺혔다.

그때 마담이 미네 앞으로 와서 뭐 시킬 거냐고 물었다.

"홍차주세요!"

싸울 듯한 어조였던지 마담이 입 꼬리를 샐쭉 내리고 돌아섰다.

"김 선장님, 저 아가씨가 아까 울더라아입니까?"

마침 승일이 들어서서 바람에 발개진 얼굴을 문지르며 카운터 앞을 지나가자 마담이 조심하지도 않고 그렇게 말했다.

마침내 승일이 미네 쪽을 바라보더니 급히 다가왔다.

"울었어?"

미네는 시침을 뚝 뗀다.

"울긴? 누가 그래?"

목소리도 싸늘하다.

"흠…. 화났구나. 미안해 늦었지…."

승일은 한없이 미안해한다.

음영이 짙고 잘생긴 얼굴에 미소와 당황함이 어우러진다.

"인제 나가도 돼?"

대답도 듣지 않고 미네는 일어나 얼굴을 머플러로 감고 승일을 재촉하느라 눈을 맞춘다.

사실 승일은 다음 항해를 몇 달 늦추어 잡을 수 있는지 선주와 중요한 일을 의논하긴 했지만 기다리고 있는 미네 때문에 맘이 초조해 자기가 요구할 사항들을 많이 양보해버리고 계약을 끝내고 돌아온 것이다.

그의 얼굴에 사랑 이외의 잡다한 인생사가 담겨 있는 것을 미네는 시무룩하게 여긴다.

"어이 김 선장, 그 아가씨 누구여?"

패거리들이 기어이 끼어들고 만다.

승일의 얼굴에 한순간 짧은 곤혹이 지나가고 그러나 이내 털털하게,

"동생이야, 동생…."

그의 웃음에 섞인 자기모멸감이 미네의 가슴을 쑤시고 지나갔다.

"동생? 호호호. 예쁘네?"

아무렴, 그 말을 누가 믿겠나. 휙 쳐다만 봐도 그들이 사랑에 빠져있음을 지나가는 개도 알겠다.

"차나 마시고 나가자…. 앉아. 나도 따끈한 거 뭐 하나 마시고…."

승일이 미네의 충혈된 감정을 도닥거리듯 따듯한 눈빛으로 미네를 의자에 앉혔다.

그녀는 자기 발끝을 내려다보면서 가벼운 한숨을 쉬었다.

마담은 쌍화차 한 잔을 승일 앞에 놓아주고 아까와는 다른 얼굴로,

"오누이가 참 닮았다 아입니까?"

부드러운 말투로 승일에게 친근하게 말했다.

"…그래요? 대개들 그렇게 말합디다."

승일이 상체를 쭈욱 펴 소파에 팔을 걸치며 묘한 표정으로 말했다.

"쌍둥이 같기도 하고…."

이 여자가 도대체… 하고 미네의 성깔이 불쑥 고개를 들 찰나 마담은 갔다.

"왜 저러는데? 도대체 저 사람들은…."

미네는 낮은 목소리로 화를 냈다.

가슴이 복받쳤다. 쌍둥이 같다고?

눈물이 핑 돈다.

'무엇 때문에… 내가 울까? 왜 눈물이 날까?'

"우리 서로 닮은 거 미네는 모르지?"

승일이 담배 하나를 꺼내 물며 입가에 미소를 머금고 말했다.

"학교 때 친구들이 너하고 꼭 닮은 여자 아이가 있다고 그랬지…. 그래, 널 처음 보았을 때 나는 거울 속의 나를 보는 것처럼 충격을 받았어…."

"난 한 번도… 그런 거 못 느꼈어…."

"…그럴 수도 있겠지…."

산란한 마음에 미네는 손등으로 눈물을 닦았다. 승일의 보기 좋은 손이 그녀의 볼을 잠깐 쓰다듬었다.

"울지 마…. 네가 운다는 게 마음 아프다…. 그저, 조그만 용기를 가져주었으면 해."

미네는 손등으로 눈물을 씻고 그를 쳐다보았다.

'용기?' 하고 자기 혼자 입술 안에서 반문하고.

용기라는 말이 정말 맞아 떨어진 적이 있다.

아니. 그것을 용기라고 해야 할 지도 확실하게 알 수는 없으나, 여고시절 어느 봄날 Q오빠가 칼을 맞고 그것도 심장을 깊이 찔려서 가망이 없다고들 할 때 미네는 그가 입원하고 있는 병원에서 기관지염을 치료하기 위해 진료대기실에 무료히 앉아 있었다.

모든 여린 것들이 물기를 머금고 튀어 나오려고 코끝이 찡한 냄새들을 품어내고 있었다.

낯이 익은 청년들이 드나들었는데 그들 전체적인 특징은 열혈에다가 비장함, 무지함 그런 느낌을 풍기고 있었다.

의사들이 고개를 저었고 그럼에도 불구하고 Q오빠는 한 달 이상을 버티고 있다 했다.

그날, 그러니까 봄이 새순을 내밀고 허파가 가려운 듯한 싱그러움을 내뿜기 시작한 날 미네는 그곳에서 현자언니를 보았다.

검정색 통치마에 연두색 스웨터를 입고 굽이 낮은 구두를 신은 발로 땅을 어루만질 듯 살풋살풋 걸어들어 왔다. 여릿여릿한 몸매에 생그레 눈웃음은 슬퍼도 어쩔 수 없이 피어나고 입술을 꽉 다물고 있었지만 그 입술에 엷게 발린 보랏빛 립스틱이 흰 얼굴을 요염하게 꽃처럼 피어나게 했다.

"어, 누님…!"

현자언니는 그때 이미 결혼을 했다.

집안에서 맺어준 어느 섬 교회의 남자 전도사였는데 어쩌다 한 번 그를 본 적이 있다. 인물이 좋았다.

누가 봐도 그 자리에 그녀가 와서는 아니 될 그런 처지였다.

현자언니는 아기를 가졌는지 이제 살짝 배가 봉우리 지고 있었다.

임산부 특유의 발그레한 볼, 생명을 잉태하고 있는지 특유의 곡선이 나타는 몸.

"응, 수명 씨…. 참말 오래간만이야…. 잘 있었어?"

오히려 그쪽에서 눈길을 돌리고 입술을 지그시 물었다.

"309호실이라던데…. 내가 지금 전주엘 가거든…. 한 번 보고 가고 싶어서…."

뒷말은 작은 목소리로 수명이라 불린 청년의 귓가에 대고 말했다.

미네는 그 순간 사정없이 쏟아져 나오는 기침 때문에 숨이 넘어갈 것 같았다. 얼굴을 무릎에 묻고 겨우 기침을 삭이고 눈물이 그렁그렁해서 고개를 들었을 때, 현자언니는 이미 병실로 들어가고 없었다.

나중에 Q오빠가 결국 죽고 온 도시가 한 번 들었다 놓은 것처럼 황망함이 끝났을 때 사람들은 속삭이기 시작했다.

'현자가 글쎄 죽어가는 사람한테 가서, 병원까지 찾아가서 관계를 가졌다잖아? 아유, 갠 갈보야, 갈보…. 글쎄 운기를 다 빼앗으니 살 사람이 있겠어?' 하고들 속삭였다.

누가 뭐라고 한다 해도 그렇게 Q오빠를 만나보러 왔던 현자언니, 그녀를 미치게 한 건 사랑, 그 몹쓸 병, 혹은 아무나 가질 수 없는 용기 아니겠는가.

미네는 지금도 Q오빠가 행복하게 죽었을 것이라고 생각한다.

적어도 현자언니의 사랑의 이름으로.

바람이 부는 부산은 황량해서 얼른 어디로 가서 쉬고 싶게 만들었다.

승일이 택시를 태워 미네를 데리고 간 곳은 바다가 보이는 언덕에 있는 조그만 민박집이었다.

너른 마당에 무쇠 솥이 두어 개 걸려 있고 그 하나에는 사골을 고고 있는지 불길이 활활 타고 고소한 뼛국 냄새가 뜰을 가득 채우고 있었다. 초겨울임에도 마치 봄처럼 아릿한 물기를 머금은 듯 고혹적인 몸집의 나무들이 빼곡히 서 있었다.

"아이고, 김 선장 아입니까?"

주인 여자는 젊었을 적엔 아름다웠겠다.

그러나 그만큼 골처럼 패인 주름진 얼굴에 화장독이 푸르스름 뒤집어 씌워진 듯했다.

그는 따뜻한 방을 하나 달라고 했고 그녀는 미네를 다시 한 번 훔쳐보고 부산하게 뒤뜰 쪽에 있는 방의 문을 열고 걸레질을 시작했다.

"처자가 쌍글하게 예쁘요…."

그 말에 승일이 싱긋 웃었다.

방망이로 두들겨 빨은 듯 걸레가 새하얗다.

"이 방만 기름보일러라 금방 따사지요. 웃풍도 없고…."

승일은 그녀에게 넉넉하게 지폐를 쥐어주며 담백한 걸로 생선찌개와 굴무침을 새로 준비해 달라 한다. 미네의 식성을 알고 있기 때문이다. 미네도 갑자기 공복감을 느꼈다.

따스한 방으로 들어와 앉으니 눈물 자국이 난 미네의 볼이 발갛게 달아올랐다. 그가 그런 미네의 볼을 두 손으로 감싸며 입술 위에 가볍게 입 맞추었다.

귀한 누이동생처럼, 이복의 남매처럼, 그런 느낌이 저절로 든다.

그들에게 주어진 작은 방, 그리고 얼마간의 시간, 따듯한 불빛…. 그리고 사랑은 충분히 그들을 행복하게 했고 그리고 두려움에서 잠시나마 벗어나게 했다.

창 밖에서 밤새가 울었다. 아니 바람 소리인가….

"미네, 자?"

"아니. 안 자."

"무슨 생각해?"

"…현자언니."

"…왜?"

"…음, 그냥…. 이해가 되서."

승일은 미네의 머리에 자기 팔을 받쳐주며,

"미네는 현자누님과 달라…. 그런 생각 하지 마…"라고 말했다.

뜰에 이미 져버린 장미 꽃잎이 또 한 번 농염하게 피었다가 잎까지 뚝뚝 떨어뜨리는 듯 그들의 밤은 그렇게 지나가고 있었다. 그들의 정사는 고요하고 느리고 깊었다.

두 사람 모두 그 밤이 지나면 무엇인가가 급변하리라는 것을 알고 있었다. 가슴이 찢어지는 것 아닐까…. 서로가 서로를 잃고 과연 살아갈 수 있을까…. 그런 똑같은 생각을 했다.

그러나 어찌됐든 날은 아직 밝지 않았고 내일은 또 내일의 태양이 뜬다고….

새벽의 역사驛捨는 희미한 가스등빛에 안개 속에 묻힌 듯 어슴푸레 그 모습을 드러내고 있었다.

둥근 도움지붕 위에 이르게 일어난 비둘기가 구우― 울었다.

이제 헤어지면 기약은 없다. 그렇다 하더라도 두 사람은 또 그럴 리가 없다고 생각한다.

미네에게는 운명적인 남자다. 그를 잃는다는 것은 상상이 되지 않는다. 그들은 서로 날개를 뜯어버린 천사다. 그는 이상하게도 한 번도 미네를 자기와 같은 레벨의 사람으로 여겨보지 못했다. 화사한 빛을 지니고 항상 수줍은 듯 그러나 무언가 은밀한 세계를 지닌 듯한 미네였다. 서로에게 사로잡힌 영혼들에게 육신의 결합은 너무나도 통렬한 교감이었다.

나중에 미네는 '베를린 천사의 시'를 보다가 두 번째 천사를 보고 가슴이 써늘했었다. 나이든 승일이 검은 코트의 깃을 올리고 있는 듯한 똑같은 모습이었다.

승일의 구레나룻과 푸른 불길이 타오르는 듯한 깊은 눈빛은 미네로 하여금 아무리 헤어진다 한들 그는 영원히 자기와 함께라는 것을 명심하게 했다.

아직 인적이 없는 역사의 담벼락에 기대 그들은 가슴이 무너지는 듯한 포옹을 풀지 못했다. 그러다 미네의 가벼운 나르콜렙시 증상 때문에 그들은 낡고 더러운 역사의 의자 위에 오랫동안 앉아 있었다. 미네는 몽유같은 수면 속에서 심장이 너무나 아파 조그맣게 신음했다.

그 심장의 통증은 그 후 평생 미네의 지병이 된다.

미네는 그날 깨어나 몹시 울었다.

그들은 헤어져서 얼마 후 미네는 함부르크로 승일은 마드리드로 떠났다.

누가 뭐라고 하든 사랑의 이름으로 그들은 이노센트innocence다.

지금 사랑하는 자 모두 유죄

- 뉴캐슬의 은미 이야기 -

밤새 눈이 내려 초라한 산동네를 덮었다.

크리스마스카드 같군….

한때 네모였으나 무슨 일인지 점점 마름모로 변해 가는 창문턱에 두 손을 괴고 은미는 한참 아래쪽 버스정류장을 바라보았다.

현수가 오겠다던 시간은 얼마나 남았을까…. 방 안에 시계가 없고 손목시계도 없으니 현수가 오겠다던 10시가 얼마나 남았는지 모르겠다.

방은 잘 치워놓았으나 그게 무슨 대수인가….

산꼭대기 무허가 쪽집으로 그를 오라고 한 짓거리는 대단히 미련하고 자기 앞날을 무참하게 하리라는 것을 어렴풋 느끼기도 했으나 그녀는 사랑의 진실을 더 믿었다.

현수가 그냥 보통의 남자였더라도 무허가 산동네 아가씨인 자기 애인이 달리 보일 수밖에 없는 처지를 도대체 무얼 믿고 보통 이상으로 이해타산이 분명한 그를 집으로 초대했단 말인가?

그녀 일생에 저지른 가장 바보 같은 일이었다.

게다가 아무리 사랑에 빠져 아니라고 아니라고 부정하지만 현수는 상당히 교활하다. 친구들이 누누이 충고했던 말이기도 하고.

그의 친구들이나 선배들이 그의 그런 점을 주의하라고 말할 때마다 '흠, 샘내서 훼방하지 말아요' 속으로 그렇게 말하곤 했다. 그야말로 사랑에 눈이 멀어 있을 동안은 어떤 장애가 있어도 그럼에도 불구하고 나아가니까.

그러니까 은미는 현수가 그녀의 처지가 험악할 정도로 빈곤하지만 그럼에도 불구하고 사랑하지 않겠는가라는 무모한 과대망상을 하고 있었던 것이야.

그래도 물이 스며 얼룩진 벽이 마음에 걸려 그녀의 자산 1호인 프랑스 여배우 재크린 비셋의 커다란 브로마이드로 그 얼룩을 가려 벽에 붙여 놓았다.

재크린의 프러시안 블루의 눈과 얇게 발린 분홍색 립스틱이 선연한, 그리고 물방울무늬의 스카프가 은미를 사로잡은 만큼 현수도 그 브로마이드로 인하여 그녀의 삶이 바닥을 기고 있는 것만은 아니고 그 알 수 없는 미지의 멜랑코리를 느껴 줄 것이라고. 그렇게 어리버리한 생각을 한 것이다.

은미는 겉으로는 꽤 부잣집 딸처럼 보이는 묘한 평가를 받곤 했다. 그래서 좋은 점도 있었고 나쁜 점도 있었다.

현수도 아직까지는 그녀를 그렇게 오해하고 있지나 않을까….

세상이 얼마나 냉정하고 사람이 얼마나 간교한 짐승인지 은미는 몰랐겠지.

현수를 처음 만났던 땐 그리 나쁘지 않았데….

키가 설멍하게 크고 인텔리겐치아처럼 생긴 얼굴과 시니컬한 말투에 끌렸다며? 무슨 동아리의 모임이었는데 뚝섬 모래밭으로 산

책을 나갔다가….

은미는 어렸지만 자기가 좋아하는 사람 곁에 붙어 걷거나 말을 걸거나 소위 작업에 들어가는 일 따위는 경멸하는 아이야. 너 좋다면 내게 다가 와라, 그런 배짱이었데.

현수 옆에서는 성숙이라는 아이가 열심히 작업 들어가고 있는 듯 온 이빨을 다 드러내고 웃고 떠들고 맞장구를 쳤단다. 눈알도 노랗고, 머리칼도 빗자루처럼 노랗다고 은미네가 도그아이라고 별명을 붙였던 여자애.

한 마디로 만나자마자 서로 싫어하게 된 아이였다고 은미가 그러더라.

은미는 싫은 사람하고는 말을 하지 않아. 우리는 그것이 그녀의 수줍어하는 성격 때문으로 알고 있었지만…. 그쪽에서 말을 걸면 상냥하게 대답은 하지만 절대로 마음을 열어주지 않았지.

결국 그녀의 예감대로 성숙은 현수가 자기를 좋아해서 도서실에서 자기 꽁무니만 따라다니고 어쩌고 했다고 떠벌려서 은미를 곤혹케 했다.

현수가 정말 그렇게 행동했는지도 모르지 뭐.

지금 생각하니 그는 물론 은미를 사랑하고 있다고 했지만 열 여자 싫어하는 남자였고 그렇게 해서 여자가 포섭되면 자기 인기가 얼마나 있는가 은근히 좋아했다는 거야.

그런 그의 행태는 너무나 진실했던 은미의 마음을 심하게 손상시켰겠지.

나중에는 그런 일들로 인해 성격 자체가 왜곡되기도 했다.

22살의 질곡이었겠지.

이미 미끄러워진 오르막길에 현수가 나타났대.

그의 이마 위에 뚜렷이 새겨진 찌푸린 주름은 아마도 길이 미끄러워, 그리고 아니, 이게 뭐야 라는 황당함이 아니었을까….

은미는 부엌문 앞에 서서 가슴을 두 팔로 감싸고 이미 후회하고 있었지만 그래도 그 미련한 기대감, 사랑의 이름으로 모든 것을 이길 수도 있다는 그런 황망한 어리석음을 버리지 않고 그를 바라보았다.

후에 그녀가 평생 품게 된 현수에 대한 혐오를 생각한다면 그것에 사랑이라는 지순한 말을 쓴다는 것은 그야말로 사랑에 대한 모욕이다. 차라리 연애에 미쳐 눈이 멀었다고 표현하는 것이 맞다.

그는 그녀 앞까지 올라와서 구두에 묻은 진눈을 탁탁 털며 '등산했군…'이라고 말했다.

은미는 극히 예민한 편이었으나 또 어떤 상황에서는 알 수 없이 둔해지고 멍청해져서 그에 대한 적절한 반격 따위는 생각도 못하다가 뒤늦게 마음이 몹시 상해서 두고두고 복수를 결심하곤 했다. 결심대로 잘 되진 않아도….

그녀는 눈을 내리깔고 입가에 멋쩍은 미소를 띠고 마치 용서를 바라는 소녀처럼 처량하게 서 있었다.

"여기로 들어가나?"

현수는 그녀가 열 번도 더 닦고 또 닦은 조그만 마루 위로 오르면서 등을 구부리고 문턱을 밟고 방 안으로 들어갔다.

미안하게도 방 안에는 너무나 눈부신 동녘의 해가 짠- 하고 모든 남루한 것들을 드러내 버렸다. 재크린 비셋은 역광에 의해 희끄름하게 있는 둥 마는 둥 했다.

은미는 절망감을 느꼈고 현수의 냉정한 표정에 상처를 입었고 그럼에도 불구하고 현수가 갑자기 어깨를 끌어안고 입맞춤을 했는데 처음으로 그의 혀가 쑤욱 들어오는 순간 참을 수 없는 혐오감을 느꼈으나 그의 마음에 들고 싶어서 가까스로 참았다. 그러나 그녀는 각오가 되었는데 현수는 그렇지 않았다.

어느 순간 그는 그녀를 밀어내고 한숨을 길게 쉬며 벽에 등을 대고 다리를 쭉 뻗으며 하하하 하고 웃기 시작하더란다.

"내가 잡아먹나? 왜 그래?"

물론 그는 잡아먹을 수도 있다고 생각하고 은미 혼자 있는 집으로 오겠다고 했겠지. 그러나 잡아먹으려니 이건 너무 아니다 싶었을까….

그는 소심했고 겁이 많았다.

그의 마음의 고리가 덜컥 걸리는 소리를 은미는 분명히 들었다고 한다.

"my lover is poor girl…."

그가 그렇게 말했다.

어색하니까 느닷없이 영어로 그렇게 말했겠지.

은미는 자기의 가난함이 너무나 미안해서 그에게 헤어지자고 말했다.

"왜? 갑자기."

그는 조금 당황스러워했다.

정곡을 찔린 것이다. 아니면 은미가 먼저 헤어지자고 말해 주어서 자기 마음을 들킨 셈이 되었기 때문인지도 모르고.

은미가 선수를 친 탓인지 현수는 이상하게도 더욱 열정적이 되었다. 자기 자신에게도 스스로 마인드 컨트롤을 하여 더욱 기세가 올라가고 어느 면에서는 막상 헤어질지도 모르니까 진짜로 마음이 욱한 건지도 모르지.

"안 돼. 헤어질 수 없어. 그딴 소리 하지 말어."

"나는 결혼 같은 건 할 형편도 안 되고 나이도 겨우 스물두 살인데…. 현수 씨는 장가가라고 한다며? 그러니까 우리는 안 되는 거야.”

널널한 척 했다.

“너 없이는 못 살아.”

“삼류영화처럼 왜 그래?”

“진심이야….”

그런 실랑이를 만날 때마다 계속하다가 어느 날 그녀는 그에게 이렇게 말했다.

“그러면 우리 만나지 말고 6개월만 지내봐…. 그래도 내가 없어서 안 되나 보자고.”

“6개월? 정말?”

반짝하고 떠오른 희망감을 감추려 현수의 얼굴이 일그러졌다.

씁쓸한 거짓말들을 서로 주고받았다.

초겨울 대학의 숲은 갈나무 이파리가 바삭거리고 메마른 나무들이 추위에 얼어 가끔 첼로의 저음을 누르는 듯한 소리를 냈다.

입술에 피멍이 베이도록 키스를 하고 넘어진 김에 쉬었다 간다고 밤 숲, 아무도 없는 나무 이파리 위로 몸을 던지고 그들은 나름대로 서투른 애무에 빠져 들기도 했단다.

사랑한다는 말을 현수가 수없이 했지만 그녀는 잠깐 눈을 떠 수풀 사이에 걸린 별을 보며 이제는 전혀 그 말이 믿기지 않음을 깨달았다.

은미는 너무나 쉽고 성급하게 현수를 떠나보내겠다고 말했는가 보았다. 견딜 수 없는 그리움이 가슴을 찢었다. 아무리 가라고 했던들 그가 그렇게 가지는 못할 것이다 라는 어리석은 기대를 버리지 못했다.

그러나 연애의 끝은 냉혹하다.

공식적으로 헤어지자고 아니, 유예 기간이라고 볼 수 있는 6개월이 채 다 지나가기도 전에 현수는 선을 본 여자와 결혼을 결심했다고 한다.

"우린 같이 잤지만 진짜로 관계를 가진 건 아니야…. 그건 그냥 하다 말은 거야…."

서투른 행위가 마음에 걸렸던지 현수는 그 말을 누누이 했다.

이 말로 인해 그녀 평생 현수를 하이에나나 뱀 같은 느낌으로 기억하게 되었대.

그러나 그녀는 그 배반을 빨리 극복하지 못하고 세상의 어리석은 여자들이 똑같이 저지르는 멍청한 짓에 매달렸다.

그가 밤 예배를 끝내고 나오기를 구부러진 골목길에서 기다리곤 했다.

밤별은 차고 바람도 찼겠지.

끈질기게 기다리면 그가 그 카사노바 같은 걸음걸이로 반쯤 찡그린 얼굴로 다가왔다.

그는 아무 말 없이 버스정류장 쪽으로 걷기 시작한다. 사랑이 식어버린 남자의 등을 뺌맞은 기분으로 따라 걷는다.

5분쯤 그는 그녀를 위해 할애하고 버스가 늦게 오면 발로 땅바닥을 탁탁 찼다. 어서 버스가 와서 이 여자를 던져버려야 하는데…. 그는 초조하다.

은미의 이성은 그러니까 여기를 왜 왔느냐고 심한 자기 질책에 시달렸지만 그녀의 멍청하고 가련한 감성은 그럼에도 불구하고 그를 만나지 않고는 견딜 수가 없었던 거다.

그때는 이미 그가 서둘러 약혼을 했다는 소식이 은미 귀에도 들어왔건만.

미련에 눈먼 자가 분명히 빠지게 되는 자멸감을 뻔히 알면서도 그 시기의 은미를 영특하게 돌아 세우지 못한다.
그것이 평생 자기 자신을 미워하고 불신하는 자아불신감이 되어 오랫동안 괴로워하게도 했다.
그는 자기를 용서하라고 말했다. 용서했다고 그녀는 대답했다. 그러나 용서가 무엇이냐? 용서란 복수하지 못한 자의 변명일 뿐이다.
은미는 그때 낡은 바이올린을 하나 얻게 되어 혼자서 초보 연습을 하고 있어서 때로는 바이올린을 들고 밤 예배 후에 그 길목에서 그를 기다리곤 했다.
그는 꽤 인내심 있게 대하긴 했다. 은미가 혹 앙심을 품고 해코지를 하면 낭패 아닌가.
그러나 화가 나서 진저리가 나서 견딜 수 없을 때는,
"아니, 잘하지도 못하는 바이올린은 왜 들고 다니나?"
그렇게 무례하게 비웃었대.
그 모든 멸시는 그가 결국 자기 약혼자를 데리고 다른 길로 도망을 쳐버렸을 때야 끝났다.
청춘의 미망未忘…. 아무리 생각해도 분한 패배였다.
그러나 또 한편으로 현수가 꽤 참을성 있게 행동했다고 보여지는 일들도 많이 생각나기도 하더래.
산동네 언덕길을 가끔 올라와서 깜빡대는 고장 난 형광등도 고쳐 주고 그녀의 입술이 재크린 비셋처럼 아름다워서 입 맞추고 싶다고도 하고…. 시계를 하나 사서 채워 주기도 하고, 그나마 결혼할 지도 모르겠는 여자 친구가 있다고 자기 집에 보고는 한 모양으로 그의 대학원 졸업식 때 그 집 식구 떼거리가 어디선가 그녀를 이리저리 탐색하기도 했던 모양이다.
연애에 대한 이야기는 대개 언해피엔딩이다.
그러면서 서로 얼마나 닮은꼴인지 남이 차이는 걸 보고 우리 커플은 저럴 리가 없다고들 생각한다.

뭔가 채일만 하니까 저렇게 채이고 울고불더라…, 그러는 것이다.

그런 어리숙한 자기 최면은 그 누구나 지니고 있다. 나는 아니라고 큰소리치는 사람이 더한 경우도 있다.

드디어 현수가 은미가 기다리는 길로 내려오지 않고 다른 길로 사라져 버렸던 날, 그녀는 2시간을 그곳에서 서 있었다.

그는 안 온다라고 생각했다. 머릿속은 해맑고 이성적이었다.

그러나 가슴이 그렇게나 쓰라리고 아팠다.

그녀는 그때 어리석게도 연애는 배반을 배우게 되는 첩경이라는 사실을 전혀 몰랐다.

그에 대한 증오와 집착이 휘황하던 그녀의 청춘을 쇠락하게 했다. 그래서 지금 그녀에게는 청춘에 관련된 추억이 없다. 그리운 사람도 없고 그 시절에 대한 배반감만 남아있을 뿐이란다.

은미와 초여름에 헤어진 현수는 늦가을에 뚱뚱한 가정과 출신의 여자와 결혼했다.

막상 왜 그렇게 기가 막혔던지 그녀는 얼마간 실어증에 걸렸었다.

심하게 괴로워하는 그녀에게 친구가 그를 용서하고 그냥 잊어버리라고 했지.

"용서해라…. 그러다 너 스스로 잡겠다. 그 사람도 별수가 없지 않았겠냐…. 예수께서 일흔 번씩 일곱 번이라도 용서하라고 하셨잖아…."

그러는 친구들 향해 은미는 독살스럽게,

"너, 가! 용서? 용서는 복수를 할 힘이 없는 자들의 변명이야. 예수께서? 내 앞에서 예수 팔지 말아라! 거짓말쟁이들!!"

친구가 오히려 은미의 망가짐에 탄식을 했다.

현수가 개신교 목사지망생이었고 Y대의 신학대학원생이었으므로 은미는 그 순간 죄 없는 예수를 그와 함께 뭉뚱그려 밀쳐 내버렸다.

한참 열렬했을 때는 Y대학교의 숲에 자주 갔다.

현수의 대학원 강의가 끝나는 시간이면 숲엔 밤새만 남아 꾸룩거리고 한숨을 토해내고 있었고 사람은 그림자도 없었다. 낙엽이 지기 시작해서 숲에 눈이 쌓일 때까지 그들의 연애는 그럴듯하게 계속되었다.

대개가 그렇듯이 시간이 가면 점점 본능적으로 입술이 찢어지게 키스도 하고 싶고 가슴도 만지게 놔두고 그러다가 결국은 숲 속에서라도 불안과 관능에 사로잡혀 될 대로 되라, 지금은 사랑하는 게 최우선이다라는 심정이 되곤 했다.

왜 꼭 가을이었을까.

쓸쓸하게 떨어져 있는 갈나무 이파리들이 등 밑에서 바스락거렸고 아무리 불타는 연애라지만 싸늘하고 좀 추웠다.

그러나 은미는 아주 순진하기도 해서 그런 짓은 해서는 안 된다고 굳게 믿기도 했다. 현수도 그럴만한 객기도 없어서 그런 행위는 오랫동안 제외되었고 그들의 연애는 영원할 것 같았다.

그러나… 결국 나머지 행위 다음의 변절과 배신이 그들에게라고 없을 수 있겠나.

그런데 문제는 그 다음을 처리하고 휭 도망가는 남자의 행위로 현수는 너무 비겁했고 은미는 어디서부터인지도 모를 독기, 분노를 남들처럼 세월로 삭이지 못하고 남몰래 현수를 죽여버리고 싶어 미칠 지경이 되었다는 것이다.

심한 하혈(지금도 이유는 모르고 아마도 보드라운 처녀막이 서투르게 건드려져 다치게 됐음일지도 모른단다)은 갖지도 않은 현수의 아기가 저 홀로 은미의 몸을 떠나 버린 것일지도 모른다.

심한 하혈은 어느 금요일 밤.

약속된 모임에 가려고 머리를 빗다가 푸싯 주저앉아서 방바닥이 발개지도록 느닷없는 하혈이었다. 생리 기간도 아니고 도대체 스물몇 평생에 듣지도 보지도 못한 하혈이었다. 그리고 기다란 채찍으로 그녀를 팽이처럼 치돌리듯 빙빙 도는 듯한 어지럼증 때문에 앞으로 푹 쓰러져 정신을 잃었다.

다행인지 불행인지 모임에 나오지 않은 은미를 찾아온 친구에 의해 병원으로 옮겨졌다. 신앙심이 깊은 친구는 밤새 침대 옆에 놓인 보호자용 의자에 앉아 작은 목소리로 찬송가를 불러 주었다.

그 소리는 그녀를 잠에서 깨게도 하고 잠들게도 하였다.

빗소리에 잠에서 깨어났다.

제법 굵은 빗줄기가 창문을 때리고 창 안으로까지 튀었기 때문이다.

밤인지 낮인지 모르겠으나 방 안은 너무나 흐린 형광등 하나에 의존해 사물을 겨우 구별할 수 있었다.

친구는 없고 발치에 현수가 우뚝 서 있더란다. 놀란 친구가 현수를 부른 모양이었다.

은미는 입을 모질게 다문 채 우두두둑 이를 갈았다.

키가 훌쩍 큰 편이라선지 검정 코트를 입고 기둥처럼 서 있는 것이 마치 박쥐같았다. 그가 망토를 확 펼치며 덤벼들 것 같아 그녀는 나가라고 소리 질렀다.

현수는 그러는 그녀 곁으로 다가와서 진정하라는 둥 나는 너만 사랑했다는 둥 그 시점에서 아무런 소용도 없는 거짓말들로 그녀를 진정시키려 했다.

그 와중에서 은미가 넌더리를 내는 말을 또 한 번 못 박듯 각인시키려 했다.

"… 중략…. 그리고 우리가 크리스마스이브에 같이 잔 건 실제로 그건 제대로 관계하지 않은 거야. 그러니까 은미는 아직 처녀야. 그러니까 지금 니가 이러는 것은 협박에 불과해"라고.

'이, 이이 박쥐 같은, 아니… 하이에나 같은, 뱀 같은 나쁜 놈아 나가!'

그러나 말은 안 나왔고 그녀는 옆에 있는 베개를 있는 힘을 다하여 그에게 던졌다.

아, 어찌해서 연애라는 것은 이렇게 추악하게 끝나는가.

아니 왜 시작은 그리도 가슴이 설레고 아름다운가.

1년이 지나갔다.

은미는 실의에 젖어 거의 넋이 나간 모습으로 그 싫고 음습한 신학교의 돌길을 걸어 올라간다. 골고다 언덕이라고 불리우는 능선처럼 생긴 포장 안 된 자갈길.

구두부리에 돌이 채이고 뒷굽은 너무 오래 신어 여기저기 껍질이 벗겨져 버린 자기 구두를 내려다보며 돌을 툭툭 차며 올라갔다. 사람들이 곱다고 그리고 예민하다 했던 눈시울은 사라지고 눈 아래로 다크써클이 선연해서 음울하고 초조해 보이는 모습으로….

환했던 모습은 온데간데없어지고, 눈은 초점이 없어 사물을 심드렁 있는 듯 마는 듯 보거나 말거나 했고, 쇼크처럼 온 볼따구니에 발간 반점은 사춘기에도 나지 않았던 뒤늦은 여드름인지 고운 피부를 전쟁터로 만들어버리고, 등은 굽어지고, 누군가 그녀에게 말을 걸면 죽일 듯 노려보기만 하는(실제로 교수 하나가 기분 나쁘게 굴어서 책을 확 던지고 신학교 말단교수 주제에 라고 씹어 뱉고 그 자리를 나온 적도 있고, 현수하고 자기 하고 어쩌고 하는 후배의 뺨따귀를 벌건 손자국이 나도록 갈기기도 하고)…. 그래, 그렇다. 잘못된 연애 때문에 그녀는 자기의 청춘을 죽여버렸다.

살아가면서 도저히 잊혀지지 않는 기억들은 그리 많지는 않은데 그나마 두어 개의 짧고 못 잊을 행복한 기억이 있는가 하면 수십 년이 지나도 잊혀지지 않는 모욕적인 기억들이 훨씬 더 많이 남아 때때로 가슴을 치도록 분노를 일으키지.

그 분노의 주대상이 현수가 되었다는 것은 그가 은미를 떠나려 할 무렵들의 언행 때문인데 제 딴에는 영리하게 수작을 부린다고 이리저리 빙빙 돌렸지만 민감한 그녀가 그의 내장까지 들여다보았기 때문이 아닐까?

그와 연애를 한 것이 아니라 심한 모욕을 받았다라는 느낌만 남아있어 그녀를 괴롭혔다.

그의 같잖은 짓거리에 대거리를 하지 않은 것은 그녀가 그 시절만 해도 아직도 세상사는 법에 서툴렀으며 수줍음을 가지고 있었기 때문이다.

'우리 집 식구들이 졸업식 때 은미를 봤는데 뭐 기대 이하라더라…. 강성숙이가 더 낫다 그러더라니까.'

'우리가 같이 잔 건 완전한 행위가 되지 못했던 거다(은미가 처녀성 물러내라고 앙탈 할까 봐).'

현수가 그런 추잡한 변명을 하지만 않았어도 좋았을 것을….

은미는 머릿속에서 그를 깨끗하게 정리할 수 있었을지도 모른다.

결혼식에 살그머니 가볼까 하다가 에이, 너무 놀랄 거야, 그런 짓 안 해라고 마음먹고 그날 하루 종일 강가에 앉아 나뭇잎을 뜯어 강물에 띄워 보냈다. 잘 가라. X새끼야! 라며.

그러나 현수는 결혼하고 1년 동안이나 그녀가 그들 부부 앞에 나타날까 봐 벌벌 떨며 살았다고 한다.

그런 마음이 있었다 한들 겨우 응, 아니라는 식으로만 말을 하던 그때 그녀가 결혼식에 나타나 봤자 가면 무엇했으리!

현수는 은미의 외형적인 것들에 대해서 많이 오해했었을 것이다.

예쁘장하고 채플chapel 반주자이고 가난뱅이로는 보여지지 않았을 것이고 남자 아이들 입에 오르내려 인기가 있었으니 꿰어 차고 싶기도 했을 것이다.

나름대로 낭만적인 데도 있고 시니컬한 척 하기도 하고 훤칠했고 무엇보다 여자들이 자기를 슬쩍 좋아하게끔 기술을 부리는 데 일가견이 있었으니. 그리고 그즈음에 나이가 꽉 차기도 하고 군목으로 가야 하기도 하고 뭐 인생을 한 단계 더 결정할 무렵이어서 아냇감을 찾아야만 했겠지.

그러나 은미는 까맣게 그걸 몰랐다. 그래서 연애에 미친 듯 빠져들었을 뿐 현수의 계획을 알 리가 없었다. 머리를 굴리지도 않았고 이 연애의 끝이 어디로 어떻게 가리라라는 생각 따위는 조금도 고려하지 않았다.

다행스럽게도 그 나머지 인생은 점점 나아지고 빛나기 시작해서 현수보다야 훨씬 나은 사람들의 프러포즈도 받고 경제력도 생겨서 어느덧 그녀의 삶은 꽃피기 시작했지만 현수의 침침한 잔상은 그 어느 때 한 번도 그녀를 떠나지 않고 은미의 자기혐오감을 깊게 패이게 했다.

은미는 그의 삶이 불행하기를 소원했다.

현수로 인하여 착하고 수줍던 심성은 모두 부서지고 강인하고 냉정해진 그녀는 항상 무장을 하고 적을 쳐부쉈다.

많은 승리…, 그리고 많은 찬사.

영광스러운 어떤 것들도 그녀의 뒤를 따라왔다.

그러나 10여 년 동안 잠재적 복수심에 사로잡혀 있었던 셈 치고는 은미는 한 번도 현수를 찾지 않았다. 그가 어디에서 무엇을 하고 있는지 그 모든 것을 소상하게 알고 있었지만….

그러나 초겨울밤 낡은 연습용 바이올린을 들고 초록색 골판천으로 만든 수녀복 같은 옷을 입고 다른 길로 도망가버린 현수가 안 올 걸 알면서도, 가버린 줄 알면서도 당장 하늘에서 서리가 내려 거기에 얼어붙어 버리고 싶은 깊은 절망감에 눈물이 흘러내리던 그 밤을 평생 잊지 않고 살았다.

사랑하고 싶은 자들이여 배반을 수용할 수 없다면 시작도 말아라.

처음엔 그래도 괜찮다고 생각하기도 하고 나만은 우리 사랑만은 그럴 리 없다고 생각이 들 것이다.

천만에…. 배반은 있다. 그리고 심하다. 그리고 배반의 이유란 그야말로 천박하고 더럽고 수상한 것들이므로 사랑을 하려거든 이미 그 결과가 그렇다는 것을 알고 시작하라. 아니, 시작할 수밖에 없기도 하다.

그렇지 않으면 죽을 때까지 아니면 노망날 때까지 아니, 노망이 났다 하더라도 그 배신감으로 그대 불행할 것이다.

◆10years later

세월이 빠르게 지나갔다.

서투른 궁사가 지나치게 활시위를 탱탱하게 당겨서 가장 힘껏 쏜 화살처럼 가버렸다.

'함부로 쓴 화살'이 너무 아까웠다.

쏘고 보니 그건 그렇게 허술히 적군 졸병 하나를 쏘려고 쓸 그런 화살이 아니었다. 적장의 심장을 쏘아 맞추고 그녀도 장렬히 전사할 수 있어야 하는 금빛 화살이었던 거다.

언제든 골고다로 쳐들어가서 자기의 귀한 금 화살을 현수의 몸 어디에선가 찾아내어 반드시 뽑아 와야 한다. 아, 그것을 그런 인간이 지니고 있기엔 너무나 귀중한 그녀의 청춘의 금빛화살이기 때문이다.

늦가을 어느 금요일 밤.

제5지구 에벤에셀 합창단이 무슨 기념 예배에서 찬양을 한다고 반주를 부탁해 왔다. 순서지를 보니 한국교회 100주년 기념예배였고 설교자는 김현수 목사였다.

은미는 입술 끝을 잠시 비틀고 갑자기 혼자 쿡쿡 웃기 시작했다.

그러면 그렇지…. 한 번쯤은 만나지게 될 거라고 생각했었다. 너로 인하여 불행했던 청춘….

이런 피해의식에서 좀처럼 빠져나올 수 없어 그녀는 소녀기에서 그 다음 청년기를 빼어버리고 중년기로 훌쩍 뛰어넘어 그물코 빠진 퀼트처럼 꿰매어 왔기 때문에 항상 한 조각의 무늬가 모자란 그런 그림이 나오곤 했었다.

분노나 원망으로 쪽수를 채우고 싶지는 않다. 젊은 날의 연애에 대한 미련도 더구나 아니다. 그것은 인간이 인간을 멸시한 것에 대한 마땅한 응징에 대한 끈질긴 소망인 것이었다.

아주 귀찮은 부탁이었지만 은미는 쾌히 승낙했다.

10여 년 만에 보는 김현수는 늙었으나 여전했다.

입이 쭉 째지게 미소를 띠었고, 가느다란 눈을 이리저리 굴리며 무언가를 호시탐탐 노리는 듯한 표정이 젊은 날 그대로였다. 그 얼굴에 금테 안경이 걸려 있는 게 다를 뿐.

설교 직전 젊고, 늙은 여집사들로 이루어진 성가대의 성가가 끝나자 크나큰 관심을 가지고 있다는 듯 그들을 향하여 입을 쭉 째며 미소를 보내는 것이었다. 그러다 그와 은미의 시선이 어쩔 수 없이 딱 마주쳤다. 그의 입이 귀에 걸린 채 멈췄다. 그는 혼돈을 느낀 모양이다.

여러 번 그럴 경우도 있겠다 싶어 예배반주자들을 유심히 거룩한 미소를 짓고 바라본 적도 있었으나 은미를 이렇게 만나리라곤 상상도 못했다. 그는 횡설수설 겨우 설교를 마쳤다.

목사가 그렇거나 말거나 이 늙지도 젊지도 않은 집단들은 맹목적으로 관심을 받아내려 한다. 그렇지 않겠는가? 남자들보다 여자들이 엄청나게 더 많은 집단의 구조가 그렇게 만들기도 하니까.

은미는 악보들을 챙겨 오르간에서 내려와 곧장 사례비를 받고 장사꾼처럼 냉정한 걸음걸이로 긴 의자 사이의 통로를 걸어 나왔다.

김현수가 급히 그녀에게 다가왔다. 그의 얼굴에는 반가움과 불안이 한꺼번에 교차하느라 표정이 틀어진 가면처럼 보였다.

"아, 아, 참으로 반가워요. 이럴 수가…."

'뭐가 이럴 수가?'

은미는 손을 내미는 그를 힐끗 쳐다보고 피식 웃었다.

"잠깐만, 잠깐만, 기다려 줄 수 있나…?"

사람들이 우왕좌왕 흩어지려 할 무렵이었다.

'……? …….'

은미의 무표정에 김현수는 당황해했다.

But!

일은 거기서 뜻하지 않은 방향으로 흘렀다. 은미조차 원하지 않는 일이 일어났다.

젊지도 늙지도 않은 여자 하나가 똑바로 걸어오더니 김현수의 뺨을 여지없이 갈기고 그리고 탁 뒤돌아서 가버리는 것이었다.

예배 보는 내내 벼르고 있었던 모양이었다.

가끔 광신도들이 예배를 방해하는 일도 없진 않았으나 이번엔 그게 아닌 것 같았다.

“미친×인가 봐!”

철없는 여집사가 비명처럼 소리쳤고, 남아있던 신도들이 이게 웬 날벼락인가 하고 우왕좌왕하고, 김현수는 벌게진 얼굴로 손수건을 꺼내 땀도 나지 않은 이마를 북북 문지르고 있었다.

은미는 천천히 그곳을 나섰다.

별이 가까워 보이는 언덕 위에 교회가 세워진 탓인지 금성이 선명하게 그녀의 눈빛에 잡혔다.

하하하.

조금 멀리 떨어진 주차장을 향해 걸어 내려가다가 은미는 갑자기 웃음을 참지 못하고 허파가 꼬이게 웃기 시작했대. 웃고 싶어서도 아닌데 그녀는 웃음 가스를 들이마신 것처럼 견딜 수 없이 웃었단다.

마침내 숨이 차고 늑골이 아파서야 그녀는 웃음을 겨우 멈추었다.

‘하나님, 실수하셨어요. 이런 인간들을 어쩌시려고 만드셨나요?’라고 중얼거리며 별이 빛나는 밤하늘을 우두커니 올려다보았다.

그녀는 자동차의 헤드라이트를 켜고 어두운 골목길을 천천히 내려왔다.

그녀가 큰길로 진입하기 전 잠시 멈추어 섰는데 좁은 골목에서 한 여인이 걸어 나왔다. 젊지도 늙지도 않은 그 여인, 예쁘장한 얼굴이 일그러져 보기 흉한 그 여인은 너무나 불행한 얼굴로 건널목을 건너 어둠 속에 파묻혀버렸다.

은미의 가슴이 잠시 아팠다.

그러나 그녀는 곧바로 큰길로 진입해서 운전에 몰입해 속도를 높여 그 거리를 떠났다.

떠날 땐 과감히 떠날 줄 알아야 한다는 것이 한 시절 뼈아프게 배운 인생의 교훈이었기 때문이라 하더라.

— 문장이 3인칭이다가 왔다 갔다 하는 것은
은미의 이야기를 그냥 받아 적은 것이기 때문이다.

포천 할아버지 이야기

- 꽃이 지면 같이 울던 -

우울증으로 인한 불면 증세가 심해 거의 매일 닥터 황의 진료실을 들락거릴 때 포천에서 오셨다는 70대 할아버지의 아드님에게서 들은 이야기입니다.

그 아드님은 경기도 어느 사립고등학교 국어교사이셨는데 연배가 나와 비슷했고 과묵하나 인정 많은 표정을 지닌 사람이었습니다.

「황 클리닉」은 그저 듣기 싫지 말라고 지어진 이름이고 사실 「황 신경정신과」라고 말해야 하겠지요. 그곳 진료 대기실에서는 서로 등을 돌리고 앉거나 될 수 있으면 외면을 합니다. 우리 사회가 정신적으로 억압받는 사람들에게 무조건 붙이려 드는 정신병자라는 호칭과 편견, 두려움 때문입니다.

나 또한 거기서 완전히 벗어날 수 없음은 물론이지만 그래도 나는 우울증에 대해 엄청난 독서로 그것에 대한 편견에서는 좀 벗어나 있는 셈이었어요. 그래서 나는 어쩌다 눈이 마주친 환자나 보호자에게 가벼운 목례를 보내며 스스로 갇혀 있는 한계를 무너뜨리고

자 했습니다. 그런데 그런 나의 시도가 너무 헛되어 보이던 어느 날이었어요.

중년의 아드님이 팔순의 아버님을 모시고 왔는 듯싶었어요. 두 분이 많이 닮으셨고 차림새가 깨끗하고 세련되어 보였습니다.

아드님 쪽이 계속해서 아버지에게 말을 걸고 대답을 듣지 못하여도 "물 드실래요? 아버지 아침 약은 순규 애미가 드렸다는데 잡수셨져?"라든지 "날씨 좀 보세요…. 봄이네요…. 저 꽃. 아, 누가 개나리를 꺾어 꽂았군요. 요즘엔 봄이 너무 이르게 온다고 하네요…. 화장실 가시겠어요?"

아무 대답도 듣지 못하면서도 아들은 정성스럽게 계속해서 아버지에게 말을 걸었습니다.

그가 자기 아버님을 모시고 화장실을 다녀오니 아드님이 앉았던 자리에 새로 나타난 중년의 여인이 고개를 푹 수그리고 앉아버린 겁니다.

나는 자리를 하나 왼쪽으로 옮겨서 두 분이 다시 함께 앉게 해드렸지요.

"고맙습니다…."

"……."

나는 미소만 짓고 답례를 대신했죠.

"…개나리가 벌써 피었나봅니다…."

그가 말했어요.

"그러게요…. 이즘은 봄이 어찌 이리 빨리 왔다 빨리 가버리는지요…."

그는 내가 자기의 말 상대가 되어 준 것에 대해 몹시 반가운 눈치였어요.

"저는 포천에서 왔지요…."

"포천요?"

"예…. 이곳이 그래도 집에서 제일 가까운 서울 병원이죠. 동네 가까운 데 병원이 있긴 하지만 그냥 좀 멀리 와야겠다 싶어서요…."

"네…에…."

…….

잠시 침묵이 흘렀습니다.

노인이 문득 나와 눈을 마주치더니 유심히 쳐다보았습니다. 아무리 내 마음이 이 정신의 부상자들을 이해한다고 해도 그건 좀 돌연한 일이어서 나는 의자 뒤로 몸을 쭉 당겨 노인의 시선에서 벗어났지요.

그런데 갑자기 노인이 큰소리로 "연분홍 치마가 봄바람에 휘날리누나~" 하고 노래를 부르는 것이었습니다.

아들이 "아이구, 아버님. 지금은 노래하지 마세요…. 여기 병원, 병원 아시죠? 네?"

당황해서 노인을 제지하니까 노인은 금방 풀이 죽어서 입을 다물고 벽면에 걸린 르노아르의 복제 그림을 멍하니 쳐다보기 시작했습니다. 아들은 얼굴에 안쓰러움을 지니고 자기 아버지의 손을 꼭 잡아주는 것이었습니다.

나는 울보입니다. 이런저런 일, 지나가는 풍경, 드라마, 가난한 이들의 미소…. 이런저런 것들로 금방 눈물을 흘리게 되는 것이 나의 병증 중 하나이죠.

그 순간 여지없이 내 눈이 시큰해졌습니다.

그 남자가 미안쩍다는 듯 나를 바라보았습니다.

"할아버지가 봄날은 간다를 부르시네요?"

나는 그의 겸연쩍음을 덜어주고 싶었습니다.

남자의 눈에 눈물이 살짝 맺혔어요.

"네…."
"좋잖아요…. 봄이니까…."
"…네. 봄이 되면 저러십니다…."

유심히 보니 노인의 왼손은 팔목 아래가 없었습니다.
"6·25 때 입은 부상이죠…."
"저런…!"
"육군 소위로 참전하셨죠…."
어느 수요일 우리가 또 다시 진료실에서 만났을 때 의사는 학회에서 돌아오지 않았고 다른 환자들도 없었어요.
나는 노인 곁에 앉아서,
"할아버지 봄날은 간다 좀 불러보세요. 네?" 하고 말을 걸었습니다.
노인은 대답은 없었으나 가만히 고개를 돌려 나에게 미소를 띠웠습니다.
그러더니 작은 목소리로 노래를 부르기 시작했어요. 나는 노래하기를 너무나 좋아하는 사람이기 때문에… 같이 허밍으로 따라 불렀습니다.
이 순간 이 병원 대기실에서 나와 그 할아버지는 가장 병증이 심한 환자로 보여질 것입니다. 간호사들이 웃음을 참으며 우리들을 바라보았습니다.

연분홍 치마가 봄바람에 휘날리더라
오늘도 옷고름 씹어 가며
산제비 넘나드는 성황당 길에
꽃이 피면 같이 웃고 꽃이 지면 같이 울던
알뜰한 그 맹세에 봄날은 간다.

중간부터는 나 혼자 불렀죠. 노인은 조용히 노래를 들었습니다. 그리고는 내 손등을 툭툭 두드려 주는 것이었습니다.

젊은 시절엔 선이 곱고 선병질적인 면이 있었겠다 싶은 얼굴의 선이 그대로 남아 있는 모습에 미소가 따듯했습니다.

할아버지의 병명은 외상 후 스트레스증후군에다 노인성 우울증이라 합니다.

할아버지의 발병은 느닷없이 50대 후반에 나타났는데 그 무렵에 성수대교 붕괴사건이 있었던 것 같다고 아들이 말했습니다.

갑자기 말을 한 마디도 하지 않고 식사도 거부했고 잠도 자지 않으며 밤에는 동네 어귀까지 나가서 이리저리 헤매다가 아침에 이슬에 흠뻑 젖어 집으로 돌아오시곤 했다는 것이죠. 그리고선 느닷없이 '봄날은 간다' 노래를 부르기 시작했다는 것이에요.

남자는 자기 아버지를 연민 어린 눈으로 바라보며 아버지의 젊은 시절 기록이 아직 다락에 놓여 있다고 말했습니다.

"한 번 보시겠어요?"

그는 미소를 지으며 뜻밖의 말을 하는 것이었습니다.

"제가요…?"

"왠지 보여드리고 싶군요."

엉뚱한 제안이었지만 그의 진정이 강하게 느껴졌으므로 나는 고개를 끄덕였어요.

남자는 자기가 포천 송우리 쪽에서 예우라는 찻집을 하고 있다고 했다.

"뜰을 넓게 잡아서 쉴만하죠. 요즘은 아내가 허브하고 라벤다 화분을 재배하고 있기도 해요. 막내동생이 뒤란에서 도자기 가마를 하고 있고요."

포천에는 어머니의 산소가 있습니다.

마음속으로 어머니의 산소에 한 번 다녀오면서 예우에 들려볼 수도 있겠다 싶었지만 말로는 하지 않고 애매하게 '그래볼까요?'라고만 했죠.

나의 심각한 외출기피증 때문에 깨지는 약속이 하나 둘이 아니기 때문입니다.

"언제든 한 번 가보고 싶어요…."

그 정도로 말해 두었지요.

그는 자기의 명함을 주고 명함 뒤에 약도도 그려져 있으니 꼭 한 번 오라고 열심히 권하는 것이었습니다.

오월 중순부터 라일락이 져버리고 여름 장미가 봉우리를 띄울 무렵, 나는 남편과 함께 포천으로 갔습니다.

부모님 산소에 올라 국화를 놓아두며 '엄마, 아버지 나 왔어요…' 혼잣말로 인사하는데 눈물이 핑 돕니다.

십 여 년이 지났으나 어젠 듯한 '부모님의 소천으로 지난 세월들이 눈앞에 어른대고 부모님 노후의 고생들이 마음에 가시처럼 남아 가슴이 아팠습니다.

누군들 그러지 않겠습니까만 부모님 살아계실제 섬기기 다할 것이고 지나가면 애닯다 어이하리…. 평생에 고쳐 못할 일, 이뿐인가 하노라'라는 옛 시는 만고의 진리의 말씀입니다.

그러나 사람의 미련함이 머리로는 그렇다 하되 꼭 지나고 나서야 가슴을 치니 그 성상이 가련키도 하지요.

"그럼 점심을 그곳에 가서 먹지…."

남편이 명함을 꺼내 지리를 보며 말했습니다.

"그러든지…."

병원에서 만나진 인연이라 뭐 그리 달가울 것은 없었으나 그래도 포천 할아버지의 사연은 나에게도 궁금증이 일게 했습니다.

포천 도심을 지나 한적한 마을에서 농로를 따라 한참 들어갔더니 예우가 있었습니다.

은사시나무 숲이 뒷동산에 우거졌고 온갖 풀꽃들이 어우러져 자연스레 울타리를 이룬 곳에 빨간색 박공지붕이 덮인 예우가 있었어요. 자동차 한두 대가 있을 뿐 아직 이른지 예우는 한적했습니다. 대여섯 대 세울 수 있는 주차장이 길 건너편에 있었고요.

우리 자동차 소리를 들었는지 예우의 주인이 문을 열고 나오다가 나를 발견하고 함박 웃으며 반가이 달려 나왔습니다. 그리고 안을 향하여 아버님, 아버님, 나와보시라고, 서울서 김 선생이 오셨다고 소리쳤습니다.

초가를 덮은 허브하우스에서 앞치마를 입고 손에 장갑을 낀 여인이 갸웃이 고개를 내밀었습니다.

남자와 나의 남편은 악수를 나누며 통성명을 했어요.

"임영소라고 합니다…."

그가 안내하는 대로 본채의 곁 넓죽한 돌멩이로 길을 만들어둔 곳으로 들어갔더니 예우醴友라는 현판이 붙은 차방이 있었어요.

나무 냄새가 그윽했습니다. 송진 냄새도 나고 차를 다리는 듯 계피향 냄새도 났습니다.

건너편 쪽문이 열리고 할아버지가 들어오셨어요.

할아버지는 좀 더 야위었고, 본래 얼굴이 그런지 약간 비틀어진 미소를 머금은 듯 보였습니다.

정말 반가웠어요. 동병상련이라고 하지 않습니까?

할아버지가 병원에서 처방받은 이미프라민을 나도 처방 받고 있었으며 느닷없이 노래를 부르던 모습이 내 가슴을 착잡하게 했기 때문입니다.

마나님께서 일찍 세상을 버리셔 삼남매를 혼자 길러 오셨다는 할아버지는 나에게도 다 가고 없으신 부모님처럼 따뜻하고 미더웠어요.

"아버님이 잠을 통 못 주무시길래 병원에 모시고 갔더니 외상 후 스트레스증후군에다 노인성 우울증이라고 하더군요. 우리야 그런 병이 있다는 사실도 몰랐었죠…. 그저 식욕이 없으시구나…. 어머니 돌아가시고 외로우셨구나…. 그런 정도로 생각했죠…."

"그러셨겠네요…. 저도 잠을 통 못 잡니다. 그나마 처방 받은 약에 수면제 한 알 정도 복용하면 새벽에 조금 눈을 부치죠…."

"건강해 보이시는데…."

영소 씨는 고개를 갸웃했다.

옆에서 남편이 의지가 약해서 그렇다고 거들었어요.

그러나 의지가 약하려고 약한 것은 아닙니다. 약해지는 어떤 생물학적 요인이 있는데 그걸 나의 정신적 엄살로 보는 경향이 있는 것이죠.

우울증 환자에게 마음을 굳게 먹으라고 하는 것은 물에 빠진 사람에게 네 머리카락을 너 스스로 움켜잡고 나와라 하는 것과 같다는 말이 있습니다.

마음의 감기와도 같은 것이니 물리적 치료도 반드시 받아 증상을 완화라도 시켜야 한다는데.

그러나 특히 우리나라 사람들의 편견에 젖은 사고방식은 그런 점을 이해하지 못합니다. 뒤에서 수군거리기도 합니다.

젊은 여배우가 1년 동안이나 우울증을 앓다가 결국 스스로 목숨을 끊자 그때서야 우울증 어떻고 저떻고 온 매스컴이 떠들어 대기도 했지요.

그 회색의 좁은 공간을 하긴 뉘 알까요?

꽉 막혀 나갈 길이 없는 절망감은?

그리고 가슴을 메는 슬픔은 또….

나는 할아버지가 우울증 치료를 받고 있다는데 대해서 마음이 아팠습니다.

그 누구에게 호소할 수 있었을까. 호소한다고 누가 이해나 해주었을까….

아무리 효심 깊은 자녀들이라 할 지라도 자기 자신이 겪어보지 않으면 그 세계를 이해할 수 없는 것입니다.

우리는 감자전과 식혜로 가볍게 점심을 하고 허브하우스와 집 주변의 숲을 산책하고 해가 어슷할 무렵 집으로 돌아갈 차비를 하였습니다.

그때 영소 씨가 나에게 서류봉투에 담은 공책 한 권을 들려주더군요.

"읽어보세요…. 우리 아버지 옛 이야긴데요. 글 쓰신다니 한 번 보시죠."

글을 쓴다는 말에 나는 얼굴을 붉혔습니다.

아마도 닥터 황이 그런 말을 했으리라 싶어요. 닥터 황은 나의 우울증을 자기 좋아하는 일 하나를 열심히 하는 것으로 극복해 보라고 했죠.

'글 쓰는 걸 좋아하신다니…. 하루에 한 줄이라도 기록해보시면, 그러다 보면 어느 날 희망이 서서히 다가올 수도 있어요'라고.

그런 말을 영소 씨에게 한 모양입니다.

영소 씨는 국어과 교사이니까 물론 친밀감을 느꼈을 것이고요.

할아버지는 뒷짐을 지고 산 아래로 떨어지는 노을을 바라보고 계셨습니다. 작별인사를 했더니 대답을 영소 씨가 대신하더군요.

의사와의 면담시간이 수요일 오후 비슷하니까 다시 만날 것이었지만 어쩐지 할아버지의 뒷모습은 병원에서도 다시 볼 수 없을 것처럼 처량하고 쓸쓸해 보였습니다.

영소 씨 부인이 안겨준 라벤다 분盆에서 감미로운 향기가 풍겼다.

행복한 심정? 아아 살고 싶다 라는 희망감? 오랜만에 가슴이 애절해지는 감성의 깨어남? 그런 기분에 사로잡혀 집에 돌아오는 내내 오랜만에 끄덕끄덕 졸며 마음의 평화를 느꼈어요.

◆기록

북상하던 부대가 적의 폭격에 의해 와해되고 소대장은 전사했다. 살아남은 자도 상처가 깊고 구릉 속 계곡에 버려졌다.

나는 왼팔에 부상을 입어 출혈이 심했다. 흙 위에 엎어진 위생병의 가방을 뒤져 붕대와 머큐로크롬으로 응급처치 했다.

멀지 않은 곳에 탱크부대가 어디론가 이동하고 있었고 보병들도 틈틈이 대열을 지어 함께 움직이고 있는데 북동방향으로 이동하는 것 같았다. 그들을 따라갈 수 없고 그들도 손목이 덜렁거리며 엎어져 있는 나를 이끌고 갈 여력이 없다. 나는 버려졌다.

나는 몸을 숨기고 밤을 기다렸다.

진격과 퇴각이 수없이 반복되고 연합군의 폭격이 아군 적군 할 것 없이 맹위를 떨치고 있을 때 3월 하순, 소대는 낙오하고 드디어

지리멸렬 와해되고 말았다.

혼자 살아남았다는 사실은 지독한 공포를 주었지만 한편으론 반드시 살아야겠다는 독한 의자가 생기기도 하였다.

손은 곪기 시작해 손목까지 허물허물 썩어가고 있었지만 나는 밤에는 걷고 낮에는 산속에 숨으며 남쪽으로 하염없이 걸어 내려왔다.

부상당하던 순간을 다시 처음서부터 정리해본다.

고래알 같은 포탄이 먼 하늘에서 쏟아져 내리는 것이 보였다. 무엇 때문인지 나의 몸이 붕 뜨고 허리가 휙 꺾어지며 뒤로 넘어졌다. 내 영혼이 놀라 달아나려는 것을 한 손으로 붙드는 환각이 일어났다. 그 손을 커다란 해머가 쿵 찍어 눌렀다.

나는 있는 힘을 다하여 구릉의 뽑힌 나무 구덩이로 몸을 던졌고 그리고 정신을 잃었다. 내가 정신을 차렸을 땐 고요한 정적에 귀가 아렸다. 먼지와 흙이 내 몸을 작은 무덤처럼 덮고 있었다. 온몸이 격렬하게 떨렸다.

모두들 죽어 있거나 그곳에 없었다. 죽은 자들만 이글어진 몸으로 산야에 누워 있었다.

미친 듯이 걸었다. 쓰러질 때 실뇨했는지 바지가 축축했다. 놀랄 만큼 침착해져서 나는 남으로 걷기 시작했다. 걷다가 냇물에 닿으면 수통에 물을 채우고 얼굴을 씻었다.

새끼발가락이 곪아서 눌러 짜자 피고름이 흘러나왔다. 엄청나게 부었던 발가락이 그제야 제 크기를 되찾아 시원해진 느낌이 들자 갑자기 생에 대한 의욕이 펄펄 살아나기 시작했다.

나는 무턱대고 걸었다.

어느 산야를 지나자 바로 눈앞에 마을이 턱 나타났다. 은폐물도 없었다. 거의 기다시피 뒤돌아 야산으로 달렸다.

야산의 풀밭에 몸을 던지고 주위사방을 경계했다. 다행이 아무 소리도 들리지 않았다. 나무 뒤에 숨어 마을을 바라보니 무슨 이유에선지 마을은 통째로 그을려 있었고 사위는 인적이 없었다.

앗, 그러나 저걸 보라. 어느 집 굴뚝에선가 푸르스름한 연기가 피어오르지 않는가.

메마른 수수밭 둔덕도 불에 그을려 있었다. 마치 정월 보름 불놀이에 일부러 그을려 놓은 것처럼.

논바닥엔 벼 밑동이 드러나 있었고 두엄 더미가 쌓여 있었다.

사람들의 손길이 아주 끝난 건 아닌 듯싶기도 했지만 마을 어귀엔 개미 한 마리 없다.

나는 숨어 있던 나무 뒤에서 천천히 몸을 일으켜 세우고 잠시 마을을 내려다보다가 갑자기 쏜살같이 뛰어 마을길로 들어섰다.

될 대로 되라….

여러 번 포기했었다. 춥고 어두운 산 속에서 이미 죽었을지도 모른다. 나는 혼이 되어 이곳에 있는 건지도 모른다.

몇 날 며칠을 짐승처럼 살기 위해 여기까지 왔는가.

나는 영혼처럼 사람들의 눈에 띄지 않을 것도 같았다.

사람이 사람을 서로 피하는 판이니까….

나는 자포자기함으로 사실은 더욱 살고 싶어 하는 나 자신의 의식을 너무나 잘 알고 있다.

나지막한 흙돌담 너머로 목을 빼고 뜰 안을 넘겨다보았다.

우물이 어디쯤 있겠지. 사람 살았던 집이었으니까….

아직은 살갗에 닿는 바람이 차갑지만 땅은 이미 풀려 있다.

바람이 가슴을 녹이듯 불어왔다. 봄이 오는 것이 분명하다.

잠시 담 밑에 앉아 주위를 살폈다. 분명히 마을은 비어 있었다.

그동안 또 어떤 시련이 자나갔을까….

주민들은 황급히 떠나느라 뜰에는 호미나 바구니, 어린아이 신발 같은 것들이 마루나 토방에 팽개쳐져 있었다.

스물 두어 가구쯤 되어 보인다.

살림이 따사로웠던지 모든 집들이 매끈거리는 장독대를 실하게 갖추었고 방문들에 문창호지는 정성껏 나뭇잎 무늬까지 넣은 창호지가 발라져 있었다.

나는 몸을 일으켰다. 이 조그마한 골목을 꺾어 들어가는 집으로 들어 갈 심산이었다.

그때였다. 가느다란 노랫소리가 들렸다.

숨을 죽였다.

그리고는 캥 하고 재채기 소리가 났다.

굴뚝에서 연기가 피어오르던 그 집인가? 사람이 있다. 가느다란 여자 목소리다. 다리에 힘이 풀려 주저앉았다.

퐁당퐁당 하고 두레박을 우물에 던지는 소리가 함께 들렸다.

전화가 휩쓸고 지나간 이런 곳에서 누가? 저렇게 상냥한 목소리로 노래를 부른다?

'연분홍치마가 봄바람에 휘날리누나….'

'오늘도 옷고름 입에 물고.'

그리고 잠시 멈추고 퐁당퐁당 두레박 던지는 소리.

'꽃이 피면 같이 웃고 꽃이 지면 같이 울던---.'

담벼락에 기댔던 나는 부스스 무너져 내려 앉았다.

이렇게 평화로워도 되는 것인가…. 꿈인가…. 미쳤는가….

음정이 높은 대목에서 큼 하고 여인은 다시 그 대목을 불러보는 것이었다. 그러더니 '아이유 목 아파…' 혼자 중얼거리는 소리가 들렸다.

나는 벌떡 일어났다. 지금 저기서 노래를 하며 물을 깃는 여자가 설령 유령이라 할지라도 나는 집 안으로 들어가 저 여인을 만나고 말 것이다.

비틀거리며 틀이 비틀어진 대문을 밀고 뜰로 들어서자 우물 곁에 물을 깃던 몸집 자그만 여자가 '에그머니나' 하고 놀라며 두레박을 텀벙 우물 속으로 놓쳐버렸다.

'풍덩….'

제법 깊은 우물의 깊이 속으로 두레박이 빠지는 소리는 나와 그녀 둘 다를 난감하게 했다.

그녀와 나 사이에 짧고 깊은 공포가 교차되었다. 그러나 그럼에도 불구하고 남과 여라는 관계, 그 음양의 이치는 그러한 긴박한 순간에도 서로를 요凹와 철凸로 인식해서 얼마만큼 안전하게 한다. 적어도 눈에 띄는 즉시 다다다 갈기게 되지는 않는다는 말이다.

"뉘기래 찾으십네까?"

그녀가 먼저 정신을 차리고 말을 걸었다. 그녀의 귀 뒤에 꽂혀 있는 시든 진달래꽃을 나는 바라보았다.

그 판국에도 가슴이 텅 내려앉았다.

'저 여인은 이북 말씨를 쓰는구나. 이건 정말 큰일이다. 이곳은 아직도 이남이 아닌 것이다.'

"물 좀…."

떨리는 가슴을 진정하려 나는 숨을 급하게 내쉬었다.

"이거이…."

여자가 난감한 얼굴로 우물 안을 가리켰다. 그러더니 부엌으로 냅다 뛰어 들어가서 바가지를 가지고 나왔다. 그리고 옹기에 퍼놓은 물을 한 바가지 퍼서 나에게 내밀었다.

하늘이 다 들이비칠 것처럼 커다란 눈동자가 내 앞에 있었다. 하얀 버짐이 핀 동그랗고 조그만 얼굴…

거기까지 의식하다 나는 정신을 잃고 말았다. 몇 날 몇 밤을 숨어 남하했는가…. 발은 곪고 손목은 날아갔다. 그리고도 맹렬히 살아야겠다는 그 욕망이 한순간에 풀린 나머지,

“에그머니….”

그녀의 비명소리까지 들었으나 나는 그다음 순간부터 얼마인지, 어디인지 모르는 암흑 속으로 떨어지고 말았다.

눈을 뜨자 나는 온기가 느껴지는 방바닥에 솜이불을 덮고 눕혀져 있었다. 벽에는 풀빛 스웨터가 걸려 있고 매캐한 솔가지 타는 냄새가 났다. 허전해서 손으로 하체를 만져보았더니 군복이 아니고 방한복 바지가 입혀져 있었다.

맞은편 벽에는 어느 노인의 가족 사진들이 걸려 있었다.

아까 본 처녀 아이는 볼에 보조개가 쏙 파이도록 웃으며 오라비로 보이는 남자의 곁에 서 있었다. 그들의 뒤로 철쭉꽃이 만발한 산언덕이 보인다.

저렇게 화평하게 웃을 수 있었던 적이 언제였을까…. 자애로운 노인들도 지금은 모두 사라졌겠지…. 저 잘생긴 오라비도 어느 전선에서 쓰러져 누워 있을 것인가.

방문이 열리고 여자가 빨래거리를 걷어 들고 들어섰다.

나는 몸을 일으켰다. 의외로 상쾌한 기분이 들었다.

“바지는 빨아서 솥뚜껑 위에 올려놨어요.”

나는 얼굴을 붉혔다.

그러나 여자는 태평했다. 어딘지 넋 나간 듯한 느낌이 그 동그란 눈동자에 담겨 있었다.

"정말로 미안합니다."

그녀는 태평한 얼굴이다.

짧은 침묵이 지나갔다. 나는 벽을 등지고 일어났다.

"여기가 어디쯤 인가요?"

"○○이래요…. 연천우에…."

'○○!'

"국군들이 사날 전에 연천으로 다들 갔어요…."

"부대를 잃어서…."

"맞아요. 둘이, 서이 그렇게도 갔어요…."

"……."

"걱정 말래요, 전쟁 곧 끝난다고 그러대요…."

나는 눈에 불을 켜고 그녀를 노려보았다.

그 여인의 낙천성이 너무 지나쳐서 나를 놀리고 있는 것이 아닌가…. 아니면 무슨 정탐이라도 하는 것이 아닐까.

부질없는 생각 때문에 나는 갑자기 고통스러워졌다.

없어진 손의 손가락이 택도 없이 아파서 참을 수가 없었다.

"아아악."

왼손으로 오른손을 부여잡고 나는 웅크리고 비명을 질렀다.

여인이 나의 손을 붙들고 '아이구, 주여…' 그러면서 귓속말처럼 기도를 하기 시작했다.

고개를 들고 그녀의 얼굴을 쳐다보자 그녀의 볼 위로 흘러내리는 눈물방울이 내 얼굴 위로 툭 떨어졌다.

나의 심장은 이미 고장이 났다. 이제는 제대로 뛰지도 않는 것 같다. 그녀가 내 심장에 귀를 기울이는 모양이다. 그녀의 머리카락에서 짚불 연기 냄새가 났다. 나는 그녀를 끌어 방바닥에 쓰러트렸다.

어딘가… 먼 곳에서 쿵하고 포성이 들리는 것 같았다. 그러나 그것은 천둥 치는 소리였는지 잠시 후에 와르르 비가 쏟아졌다.

사위는 너무나 고요해지고 이윽고 그녀가 저항을 멈추자 나는 갑자기 너무나 슬퍼져서 몸을 일으켜 벽에 기대앉고 말았다.

나의 광대뼈 위로 눈물이 한없이 흘러내렸다.

여인이 나의 팔을 가만히 잡았다.

나는 헉헉거리며 울었다.

여인의 이름은 김남옥.

주소는 ○○군 ○리 9번지. 반석교회 內.

오래전 부모는 세상을 뜨고 외조부와 함께 살다 혼자 남았다. 목사였던 할아버지의 시신도 그녀가 혼자 묻었다.

국군과 인민군이 교대로 마을을 그을리고 갔다.

마을 사람들은 대부분 피난을 가고 돌아오지 않았지만 그녀는 혼자 살아남아 돌아올 사람들을 기다리고 있다.

심신이 찢겨지고 현실이 극악해도 그녀는 미소를 짓는 사람.

그녀를 범하고 생명을 담보한 전쟁에게도 원한이 없다. 합리적으로 고통스러워 할 그녀의 정신이 휘익 잠깐 빠져나간 것인지도 모른다.

이틀 후에 둘이서 두레박을 건졌고 깨끗이 씻고 신랑 각시처럼 경건하게 혼인을 맹세하고 초야를 치렀다. 그 다음날 나는 군장을 수습할 만큼 챙기고 그녀와 담 밖에서 이별을 했다.

꼭 돌아오겠노라고 약속했다.

남옥은 미소를 지었다.

나는 흩어진 중부전선 쪽에 재집결하고 있는 국군 ○○부대에 합류하였고 손목이 없는 부상병 신세로 야전 천막에서 부상자들을 돌보다가 제대한 후 부서질 대로 부서진 고향으로 돌아왔다.
  한 뼘의 땅이라도 더 차지하기 위해서 예상 외로 치열한 전투를 한 번 더 치르고 그해 여름 전쟁이 끝났다.

아, 나는 통곡하고저!

허나 눈물도 나지 않는다. 남옥의 마을은 이제는 갈 수 없는 남의 땅이 되었다. 밤마다 꿈마다 나는 그녀를 만나서 눈물에 젖어 잠에서 깬다.

봄이면 나는 눈이 먼다. 아무것도 보이지 않는다. 지팡이를 짚고 이리저리 헤맨다.

남옥아, 죽어서라도 만나질 거냐…. 차라리 미쳤으면 얼마나 좋으랴….

포천 할아버지는 미친 것일까?

아니, 아니다. 가슴이 메입니다.

묵묵히 농사를 지으면서 얌전한 아낙 만나 아들 딸 낳고 살았지만 할아버지 가슴엔 저 참혹한 전쟁터에서 만난 첫사랑이 어찌 감히 잊혀지겠습니까?

몇 알의 우울증 약을 먹고 잠깐 주무시곤 밤을 온전히 뜬눈으로 새우시고 느닷없이 연분홍 치마가 봄바람에~ 라고 소리쳐 노래 부르시는 포천 할아버지.

삶은 너무나 가혹하거나 또한 너무나 아름답지 않은지요.

내일은 수요일, 할아버지는 병원에 다시 오실련지….

그리움은 전염병처럼 내 가슴속까지 파고들었습니다.

이산가족 상봉이라고 아이고 데고 만나서 울어대는 저 무리들 중에 남옥과 포천할아버지는 낄 수 있을까요.

'찾는 사람, 내 첫사랑 김남옥…' 하고 할아버지가 신청서를 쓴다면 누가 받아나 줄까요….

'이 노인네 정신이 나갔소?'

그러기나 하겠지요.

그리하여 음지식물들처럼 가슴을 앓는 사람들을 제쳐두고 개나리, 진달래, 목련, 라일락들이 화사하게 휘돌 듯 이 봄도 황급히 가버리는 것이겠지요.

✿ 나의 지팡이들에게 감사하며

봄이 와서 교정에 핀 꽃들을 보고 어머나, 어머나 너무 좋다고 탄성을 내던 일이 언제였던가 싶게 벌써 우기雨期 와 버렸네요.

꿉꿉하고 찝찝하고 그런 날씨 속에서 애들은 끊임없이 일을 저질러 상담실은 만원이고 금화는 수업하랴, 상담하랴, 평가 내랴…. 내가 보기에도 미안할 정도로 숨 쉴 겨를이 없구만.

나는 금화를 보면 정말로 야물다는 표현이 맞다고 생각한다. 어릴 적에 자기도 어리면서 동생을 업고 어머니가 내려놓으라고 할 때까지 진땀을 흘리면서도 끝까지 업고 있었다는 그래서 너무 힘들어 이불 개켜 놓은 모퉁이에 얼굴을 얹고 있었다는 그 이야기가 잊혀지지 않는다오.

1분 1초도 낭비하지 않는 사람. 그래서 하루 25시간을 살 수 있는 사람이 그대요.

아----주 오래 살 거요.

그 점이 가장 부럽다오.

그대의 가족들은 축복 받았다는 걸 아는지 모르는지…. 그대 같은 아내, 그대 같은 엄마를 가지고 있다는 사실이 축복이라는 걸 모른다면 내 당장 알려주리다.
교감도 되고 교장도 되고 더 높은 사람도 되길 바라오.
주어진 능력 어디다 쓰겠소? 내 말이 틀리오?

상담실의 써니…. 그야말로 햇살!
아기 같은 피부와 옥수수 같은 이빨(아니 노란 옥수수 말고 흰 옥수수)로 나를 샘나게 하는 갓 사십의 부러운 나이를 사는 써니.
예리하고 센시티브해서 내 젊은 날을 보는 것 같을 때가 많아. 호호호.
'싫어, 싫어 안 갚을래….'
그러고 싶지만 나는 그렇게 쓰고 말겠어.
부지런 하고, 요리 잘하고, 노래 잘하고, 플루트 잘하고, 아들 첼로, 바이올린, 테니스까지 시키는 신세대 멋쟁이….
언제 우리 둘이 모차르트의 '저녁 산들바람은 불고'라는 곡을 듀엣으로 한 번 불러봅시다.

은희.
이렇게 불러도 감정 상할 순 없겠지요?
내가 대 여수여고 20년 선배라는 사실만으로도 그렇고 그대의 어머니와 연배가 비슷하잖소?
아직 아기들 땜에 갈팡질팡할 때의 그대를 보면 내 젊은 날 생각이 나오.
그러나 적당히 편한 구석도 있고, 적당히 안달하는 구석도 있는 어느 땐 넋이 나간 듯 우두커니 앉아 있는 은희.
아마도 호수 같은 바다를 보며 여고 시절을 보낸 여수여고 출신이라 그렇게 묘한 매력이 있는 것이리라.

이 말은 나도 한 매력 한다는 말일까?

하여튼 나의 인생 중년기를 마치는 시기에 만나진 인연들이여 나로 하여금 고생들 많았겠지만 또한 나로 인해 즐거움도 있었길 바라오.

사람 사귀기를 별로 즐기질 않지만 내 곁엔 언제나 좋은 사람들로 둘러싸여 살았다.

지금 내 곁에 가장 가까이 있는 세 사람 말고도 더더더 많은 친구들, 후배들에 대해 다 감사하고 또 글로 쓰고 싶다.

하지만 힘이 딸리는구나.

어제 피크닉 같이 다녀온 30년 지기 연희 친구들아!

신세한탄 마구 대놓고 할 수 있는 유일한 친구들….

고마워.

'남몰래 흘리는 눈물'을 또 들으려 헤드폰을 낀다.

창일의 '따뜻한 가슴' 모임….

잊을 수 없어요.

천경자 화백의 길례언니 하고 똑같이 생긴 길례언니…. 나 아플 때 씩씩하게 도와준 그 왼쪽 손의 마력을 잊지 못해요.

그에 못지않게 정말 평생 왜 그렇게 잊혀지지 않는 악당들이 있는지…. 그들 얘기도 팍 써버릴까?

느닷없이 헤드폰에선 엘비라 마디간의 주제곡이 흐른다.

거울 속에 주름져 가는 내 얼굴이 보인다. 마구 달아나는 시간을 잡지 못해 당황한 내 시선도 보인다.

워드를 치니 오른손 무명지는 구부러졌다. 일명 방아쇠 손가락이라는 병.

보라색 테의 돋보기를 쓰고 있다.

배앓이가 잦다.

미국 간 그리고 시집간 윤이가 그리운 오늘.

에피소드

며칠 전 여고 동창 경혜의 아들이 결혼을 한다기에 오랫동안 못 본 친구들이 그리워 겸사겸사 결혼식에 갔다.

식장 안을 이리저리 둘러보며 알만한 얼굴들을 찾았으나 세월이 그 얼만가. 딱 저게 누구로구나 라고 인식되는 얼굴은 없었다.

혼주 말이 동창들이 다 와 있다기에 평소에는 가지도 않는 예식 후 만찬장까지 올라갔다.

낯이 익은 듯싶은 중년 여인들이 무리무리 앉아 식사를 하는데 시선이 마주쳐도 뭐 아무 반응이 없어 저 이들은 아닌가 보다 생각하고 우선 점심을 먹기 시작했다.

얼마쯤 지났을까?

몸집이 큰 중년 여인이 뛰듯이 들어와,

'여기 연애, 김연애 왔다며, 어디 왔냐(연애는 내 아명 이름이다)?' 라고 부리부리한 눈을 굴리며 이리저리 둘러보는 것이 아닌가.

더 가관은 나의 옆자리에서 음식을 먹던 무리들이,

'무슨 연애가 여길 와? 안 왔어어' 하는 것이다.

왔단다, 안 왔다로 떠들어대는 그들을 보고 나는 하는 수 없이 김연애가 나다, 여깄다 라고 튀어 나갈 수밖에.

그 다음 쏟아진 비명 소리, 한탄 소리, 웃음소리. 이루 다 말로 어찌 표현하랴.

요지는 이것이다.

'너 학교 때 날씬하고 예뻤잖냐. 너 김연애 맞냐?'

'어쩌다 이렇게 됐냐? 그 예쁘던 모습이 하나도 없다!'

물론 그들도 살도 찌고 할머니처럼 주름도 생기고들 했지만 옛 모습이 크게 달라지진 않았다고 느껴졌다.

그런데 왜?

그들이 나의 변한 모습에 비명을 지를 만큼 나는 고이 하게 늙어 버렸는가?

40이면 자기 얼굴에 책임을 지라고 하지.

살아온 그대로 얼굴이 변한단다.

그렇다. 나는 너무나 무책임하게 살았나보다.

잘난 체 하고 용서 못하고 우울증까지.

약을 한 줌씩이나 삼켜 대고 울고불고….

옛 허물없는 친구들이니 그렇게 적나라하게 한탄을 해주고 나의 사라진 좋은 모습을 안타까워 해 주었겠지. 다른 사람들이야 옛 모습을 알리도 없고 안다고 해도 예의상 좋은 말들을 해주었겠지.

꺾어진 자만심, 그 뒤에 고요히 내리는 슬픔을 혼자 손등으로 닦으며 남편이 운전하는 자동차 안에서 깊이깊이 슬픔에 잠긴 날이었다.

자, 지금부턴 차분하게 내가 과연 어떻게 살아야 하는가에 대해 책임을 지고 곰곰이 생각하고 친구들이 아쉬워하던 그 어떤 빛을 되찾아야 하지 않겠는가.

차창 밖에 어둠이 서서히 내려 곧 밤이 왔다.